dtv

»Heutzutage wird einem das Kinderkriegen richtig mies ge-macht. Wie oft hat man mir vorhergesagt, ich würde, sobald ich ein Kind hätte, jahrelang nicht mehr durchschlafen können, keine Minute Zeit mehr für mich finden, ständig den Capricen eines tyrannischen Kleinstlebewesens unterworfen sein? Ein auf-lagenstarkes Magazin prophezeite mir ›Zoff in der Partnerschaft, Sex-Flaute und Baby-Blues‹. Auch meine Freunde haben mich nicht gerade beruhigt. ›Dein ganzes Leben wird sich verän-dern‹, sagten sie, und noch immer höre ich die Schadenfreude in ihren Stimmen silbern klingeln, ›du bist hinterher nicht mehr dieselbe Person.‹ Daher erwartete ich die Ankunft des Kindes mit größter Sorge.« Doch damit nicht genug: Dorothee Nolte macht an sich selbst so beunruhigende Entdeckungen wie einen nie gekannten Hang zur Ordnung oder eine plötzlich erwa-chende Liebe zur Natur ... Leichthändig, warmherzig und voller Witz schildert eine junge Frau ihre Metamorphose zur Mutter, bei der sie – und das ist das Beruhigende an ihren Ge-schichten – immer sich selbst treu geblieben ist.

Dorothee Nolte, geboren 1963 in Bonn, hat in Freiburg, Berlin, Paris und Stanford Romanistik studiert und den Doktorgrad erworben. Seit 1992 arbeitet sie beim Berliner ›Tagesspiegel‹ als Redakteurin für Bildung und Wissenschaft, moderiert und gibt Kurse in Journalismus und Schreiben. 1998 ist ihr Roman ›Die Intrige‹ erschienen. Dorothee Nolte ist Mutter eines Sohnes und lebt in Berlin.

Dorothee Nolte

Wie eine Mutter entsteht

Geschichten einer Verwandlung

Mit zehn Schwarzweißzeichnungen von
Gabriele Fink

Deutscher Taschenbuch Verlag

Einige Geschichten dieses Bandes sind vorab als Kolumnen
im Berliner ›Tagesspiegel‹ erschienen.

Originalausgabe
September 2001
© Deutscher Taschenbuch Verlag GmbH & Co. KG,
München
www.dtv.de
Das Werk ist urheberrechtlich geschützt.
Sämtliche, auch auszugsweise Verwertungen bleiben vorbehalten.
Umschlagkonzept: Balk & Brumshagen
Umschlagfoto: © gettyone Stone/Andrew Olney
Illustrationen: © Gabriele Fink
Satz: Kalle Giese Grafik GmbH, Overath
Gesetzt aus der Stempel Garamond (Berthold) 10/12˙
Druck und Bindung: Druckerei C.H. Beck, Nördlingen
Gedruckt auf säurefreiem, chlorfrei gebleichtem Papier
Printed in Germany · ISBN 3-423-20442-7

Inhalt

Für Tim Caspar – wen sonst?
Und den Kindsvater.

Die Kollegen

Mein letzter Arbeitstag war ein einziges Vergnügen, bis zu dem Zeitpunkt, als der Umtrunk begann. Bis dahin ging es mir wirklich gut.

In aller Ruhe bin ich im Büro herumgekrabbelt, auf allen Vieren, während der Bauch sanft über die Auslegware schrappte, und habe die untersten Regalbretter entrümpelt, auf denen sich die Überbleibsel jahrelanger Plackerei angesammelt hatten. Mit seligen Seufzern habe ich staubige Alt-Post in sieben Papierkörbe geworfen, zwischendurch richtete ich mich ächzend auf und gab meiner Nachfolgerin weise Ratschläge. Eine leichte Schadenfreude konnte ich mir nicht verkneifen: Die Arme wird gute Nerven brauchen, dachte ich hinterhältig. Für mich dagegen beginnt der Mutterschutz! Im wunderschönen Monat Mai! Danach ein Jahr Erziehungsurlaub! Juhu!

Dann trudelten die Kollegen ein, um ein Glas Sekt auf meinen Abschied zu trinken. Ich habe entzückende Kollegen, und sie alle freuen sich, dass ich ein Kind bekomme. Zwar passen dicke Bäuche nicht so recht in die Branche; eigentlich wollen wir alle schnell und wendig sein, und so ein Bauch ist da ein Hindernis: Mächtig ragt er ins Arbeitsleben hinein, wirkt kurios, ja skurril. Aber egal! Da Bäuche bei uns nicht oft vorkommen, hat meiner einen gewissen Sensationswert.

Die Kollegen also trudelten ein, beglückwünschten mich und fingen an zu erzählen. Kollege D. hat zwei kleine Kinder und seit drei Jahren keine Nacht mehr durchgeschlafen. Sekretärin F. geht wegen ihrer Kinder abends nicht mehr aus, die Familie von A. siecht dahin, weil alle sich abwechselnd mit Scharlach, Grippe und Depressionen anstecken. Bei S. hat das Baby den Mann vergrault, R.s Kind hat in den ersten drei Monaten gebrüllt wie ein Presslufthammer, weil Blähungen sein Bäuch-lein durchwühlten. EDV-Spezialist T. kennt Kinder nur vom Hörensagen, aber gut genug, um keine zu wollen.

Die Frau von Kollege M., so wurde ferner berichtet, hat zur Anregung der Wehentätigkeit einen Cocktail geschluckt, beste-hend aus Wodka, Zitronensaft und Rizinusöl, woraufhin sich zunächst ihr Darm unkontrolliert auf dem Wohnzimmertep-pich entleerte und das Kind noch auf dem Sofa ins Licht der Welt hinausschoss. Frau Z. konnte vor lauter Bauch ihre Füße nicht mehr sehen und plumpste samt frisch gekaufter Krabbel-decke in den Rinnstein, wo ihr Mann sie erst nach längerem Suchen fand. Bei Kollegin B. ist die Fruchtblase im Supermarkt geplatzt. War das eine Überraschung für die Verkäuferinnen! Und so weiter.

Alle haben mit mir angestoßen und lachend verkündet, mein ganzes Leben werde sich ändern, ich würde ein ganz anderer Mensch werden, das letzte große Abenteuer auf dieser Welt stehe mir bevor: »So ein Baby krempelt alles um!« Ich hatte nur Mineralwasser im Sektglas und hätte am liebsten Whiskey ge-habt. Die sieben Papierkörbe standen traurig um mich herum, und heimlich ließ ich eine Träne aufs Schinkenbrötchen fallen.

Zwei Kollegen können sich das übrigens gar nicht vorstellen: mich als Mutter. Ach je! Das geht mir genauso.

Die Ratgeber

Ich habe eine Schwäche für bunte, kostenlose Broschüren und wenn ich bei meiner Frauenärztin eine sehe, dann nehme ich sie mit. Schon in den ersten Wochen meiner Schwangerschaft saß ich im Café und las Titel wie ›Der Weg ins Leben‹, herausgegeben von Alete und Bübchen, oder den ›Ärztlichen Ratgeber für werdende und junge Mütter‹. Damals interessierte ich mich besonders für die Listen von Schwangerschaftsbeschwerden, also für Müdigkeit, Stimmungsschwankungen, Rückenschmerzen, Erbrechen, Wadenkrämpfe, Sodbrennen, Hämorrhoiden, Kreislaufprobleme, Verstopfung, Blasenschwäche, Kopfschmerzen, Krampfadern und Diabetes. Viele bunte Seiten gibt es zu diesem Thema. Ganz klar: Die Schwangerschaft ist die »schönste Zeit im Leben einer Frau«.

Ich habe sämtliche Beschwerden erwartet und bisher nur wenige bekommen. Aber nach der Geburt, da bin ich sicher, werden mir Haare und Zähne ausfallen, ich werde braune Flecken im Gesicht und weiße Streifen auf dem Bauch haben. Noch später drohen dann Gebärmuttersenkung und Inkontinenz.

Trotzdem wirken die Schwangeren in den Ratgebern sehr glücklich, vielleicht weil ihnen die Kindsväter ständig über den Bauch streicheln. Sie lächeln selig vor sich hin und machen gar nicht den Eindruck, als ob sie Hämorrhoiden hätten. Heutzutage sind die Ratgeber ja auch nicht mehr gefüllt mit autoritären Vorschriften wie »Die Schwangere darf keinen Sport treiben«. Nein, es stehen lauter verständnisvolle Sätze darin, etwa »Hören Sie auf die Signale Ihres Körpers«, »Schämen Sie sich nicht für Ihre eventuellen Negativ-Gefühle oder Ängste« oder »Lassen Sie sich nicht einreden, Sie dürften keinen Sport treiben«.

Diese sanften Sprüche schleichen sich ins Hirn ein und hallen darin wider wie ein nicht endendes Echo in der Bergschlucht. »Werdende Mütter müssen jetzt für zwei denken«, ja natürlich, »Alles, was Sie essen, wirkt sich unmittelbar auch auf das ungeborene Kind aus«, sofort wieder weg mit der Schokolade, »Meiden Sie die Mittagssonne. Besser bekommt es Mutter und Kind, im Halbschatten zu ruhen.« Die deutsche Sprache scheint mir nur noch aus der Sie-Form und dem Imperativ zu bestehen, und die Gespräche, die ich mit dem werdenden Vater führe, beginnen unweigerlich mit »Man soll ...«, »Angeblich soll man ja nicht« oder »Im Ratgeber steht ...«. Er liest die Ratgeber übrigens nicht. Einer in der Familie muss ja einen klaren Kopf bewahren.

Richtig altmodisch streng ist dagegen der Ratgeber von Prénatal. Man bekommt ihn geschenkt, sobald man in einer Prénatal-Filiale zum Beispiel eine mitwachsende Hose kauft. Der erste Satz in dem grünen Buch hat mir einen Schreck eingejagt. Es heißt dort: »Ehe sie sich den Wunsch nach einem Kind erfüllen, ist es den zukünftigen Eltern dringend anzuraten, ihre Gesundheit einem sorgfältigen ärztlichen Test zu unterziehen. Nicht nur dem Kind, sondern auch sich selbst gegenüber sollte man so viel Verantwortungsgefühl haben, dass man eine Schwangerschaft nur im bestmöglichen Gesundheitszustand beginnt.«

Das haben wir schon mal versäumt. Keine einzige der aufgelisteten Routine-Untersuchungen habe ich vor der Empfängnis über mich ergehen lassen, weder Azotämie noch Kreatinämie, weder Transaminase noch Gerinnungstests, frech habe ich mich auch ohne Hämochromocytometrische Untersuchung schwängern lassen. Mein Gesundheitszustand war mir ganz unbekannt, als ich mich mit dem Kindsvater intim und folgenreich einließ – wer weiß, was in mir lauert? Der folgende Abschnitt im Buch handelt übrigens von Erbschäden. Ich bekomme immer richtig gute Laune, wenn ich es in die Hand nehme.

Alle Ratgeber schärfen mir ein, mich zu pflegen, mich zu entspannen, mich zu schonen, nur das zu tun, was mir gut tut. Und es tut jedenfalls gut, solch gütige Worte zugleich von Vertretern großer Firmen, wichtiger Verlage und der Bundeszentrale für gesundheitliche Aufklärung zu hören. Wann sonst im Leben bekommt man so viel Zuspruch? Nur werde ich den Verdacht nicht los: Wenn es vorher so gemütlich sein soll, muss das Nachher schrecklich sein.

Das Nest entrümpeln

Die nobelste Aufgabe eines neuen Menschenkindes besteht ohne Zweifel darin, seine Eltern zur Ordnungsliebe zu erziehen.

Bereits jetzt entfaltet das kleine Wesen in meinem Bauch, indem es leise und wie drohend strampelt und rumpelt, eine disziplinierende Kraft: Es verändert den Blick auf unser Lebensumfeld, mit dem wir bisher eigentlich ganz zufrieden waren, und treibt uns zu Renovierungs- und Verschönerungsaktionen, die wir jahrelang aufgeschoben haben. Plötzlich erscheinen uns die nicht aussortierten Berge von alten Zeitungen, Büchern und Wäsche, das Chaos in der Küchenecke, die abblätternde Farbe an den Fenstern unerträglich. Fort damit, alles muss neu werden!

Nicht dass wir ernsthaft annähmen, das Baby könnte an der Unordnung im elterlichen Haushalt Anstoß nehmen; für derartige Penibilität fehlen ihm ja glücklicherweise die genetischen Voraussetzungen. Aber aufschieben lässt sich nun nichts mehr. Ahnungsvoll blicken wir uns abends in die Augen, der werdende Vater und ich, und flüstern erschrocken: Wenn wir es jetzt nicht tun, kommen wir in den nächsten fünfzehn Jahren nicht mehr dazu. Fünfzehn Jahre mit staubigen Aktenordnern auf der Waschmaschine! Undenkbar!

Und so packen wir jeden Tag aufs Neue die Herkules-Aufgabe an, die desto gewaltiger ist, je später im Leben die Familiengründung erfolgt. Sollte der werdende Vater nicht endlich mal die Bücher aus den siebziger Jahren wegschmeißen, die mit dem kleinen Druck und dem großen, bewusstseinsbildenden Einfluss? Warum bewahre ich noch immer die Proseminar-Unterlagen über Ludwig XIV. auf? Wozu braucht man Fotos von Leuten, deren Namen man längst vergessen hat?

Große und kleine Entdeckungen haben wir beim Ordnung-schaffen gemacht. Wusste ich etwa, dass ich stolze Besitzerin einer Flasche Sojasauce bin, die die Stiftung Warentest im Jahre 1987 mit »sehr gut« bewertet hat? Auf dem getrockneten Basilikum prangt hoffnungsfroh das Verfallsdatum 1994, den Kamillentee hätte man bis 1998 auftrinken sollen. Wie haben diese Gegenstände Umzüge, Trennungen und Auslandsaufenthalte überdauern können? Ein herkömmlicher Frühlingsputz oder Wohnungswechsel ist ein Witz, verglichen mit der umfassenden Aufarbeitung der eigenen Vergangenheit, die vor der Geburt eines Kindes einsetzt. »Nestbautrieb« ist dafür gar nicht das richtige Wort – geht es doch weniger darum, ein Nest zu bauen, als vielmehr darum, eins zu entrümpeln, im Namen der Zukunft die Relikte der Vergangenheit zu entsorgen, ein Bollwerk der Überschaubarkeit zu errichten, eigentlich: ein neuer Mensch zu werden.

Das kann Wochen, ja Monate dauern, und deswegen hat der liebe Gott die Schwangerschaft – und der Gesetzgeber die Mutterschutzfrist – ja auch so lang gemacht. Hier noch einen Teppich auswechseln, da noch den Putzschrank aufräumen! Als ich gestern begann, die Gewürze alphabetisch zu ordnen, drängte sich mir die Frage auf, ob eine krankhafte Persönlichkeitsveränderung eingetreten sei. Ein befreundeter Psychologe hält meinen Fall aber nicht für gravierend. Schon wenige Tage nach der Geburt würden wieder Nonchalance in die Seele und eine gesunde Unordnung in die Wohnung einkehren, prophezeit er. Denn eins stehe fest: Als Chaos-Produzenten sind Kinder ihren Eltern weit überlegen.

Der Bauch

In meinem Bauch rumpelt es. Hin und wieder beult sich die Bauchdecke aus und ein Fuß kommt zum Vorschein. Vielleicht ist es auch ein Ellbogen oder eine Hakennase. Oder demonstriert das Wesen in meinem Bauch gegen mich, mit erhobener Faust? Bislang sind wir gut miteinander klar gekommen, weil ich mich folgsam gezeigt habe. Ich lehne mich nicht gegen meinen Bauch auf. Ich weiß, wer der Stärkere ist.

Der Bauch ist mein Lebensmittelpunkt geworden. Überall drängt er sich vor und zieht die Aufmerksamkeit auf sich, er schneidet mir den Atem ab und drosselt meine Bewegungen auf Zeitlupe. Gemächlich und würdevoll schreite ich hinter ihm her wie eine Oberpriesterin in der afrikanischen Savanne. Mir liegt viel daran, meinen Bauch bei Laune zu halten. Des Nachts wälze ich ihn mit der Eleganz eines Flusspferds hin und her und bette ihn auf Kissen, bis er bequem liegt. Ich behänge ihn mit bunten, wallenden Kleidern, ich öle ihn ein und massiere ihn und mache mit den Körperteilen um ihn herum auch Gymnastik. So ähnlich wie ein Mistkäfer, der auf dem Rücken liegt und mit den Beinchen fuchtelt. Egal! Ich mag diesen Bauch, diesen monströsen Auswuchs, diese pralle Wundertüte, Rumpelkammer und Schatzkiste in einem. Vor ihm habe ich Respekt.

Am liebsten fahre ich meinen Bauch auf dem Fahrrad herum. Beim Treten muss ich natürlich aufpassen, dass ich nicht von unten daran stoße. Ich bewege uns daher mit keck nach außen zeigenden Knien fort. So radeln wir fröhlich pfeifend und rumpelnd durch die sommersonnigen Straßen und ziehen immer wieder empörte Blicke auf uns. Die herrschende Meinung in der Bevölkerung ist nämlich, dass Hochschwangere nicht Rad fahren sollten; sie könnten ja herunterfallen und auf Nimmerwiedersehen davonkugeln. Ich aber höre nur noch auf meinen Bauch, und der findet Radfahren wunderbar.

Man liest ja von Müttern, die mit ihrem Bauch reden, ihm die Welt erklären und nützliche Hinweise geben. Der dazugehörige werdende Vater hängt derweil mit dem Ohr vor ihrem Nabel und erzählt Gute-Nacht-Geschichten. So etwas tue ich nicht, denn mein Bauch versteht kein Deutsch. Hin und wieder frage ich mich allerdings, wer oder was da rumpelt. Das süßeste Kind der Welt?

Wohl kaum. Auf einem Ultraschallbild sieht unser Kind nämlich, ich muss es leider so deutlich sagen, schlimm aus. Es ist im Profil aufgenommen, und seine Kiefer- und Nasenpartie wölbt sich gewaltig vor, so wie man es von den Urmenschen und bestimmten Comic-Figuren her kennt. Seine Ohren sind nur als heller Fleck zu erkennen, scheinen aber abzustehen. Beide äußeren Charakteristika verschmelzen zu einem eher tölpelhaften Gesamteindruck. Ich präsentiere daher nicht wie andere werdende Mütter bei jeder Gelegenheit ein Ultraschallbild: Mein Ultra-Zwerg ist mir peinlich.

Der werdende Vater behauptet, das Bild sei lediglich ungünstig aufgenommen, schon eine leicht veränderte Perspektive würde aus dem kleinen Tölpel eine strahlende Schönheit machen. Bei der nächsten Ultraschalluntersuchung zeigte sich das Kind für die warmen Worte erkenntlich und winkte seinem Vater zu. Meint der Vater.

Wie wird es nun werden, das Kind? Ich bin Zweckpessimistin und male mir keine romantischen Bilder aus. Eher schon versuche ich, mir eine Kombination aller Macken und abstoßenden Eigenschaften beider Elternteile vorzustellen, gepaart mit den babytypischen Unarten und verschiedenen Geburtsfehlern. Dann sage ich mir, dass es so schlimm wohl nicht kommen wird. Der Kindsvater ist ein ähnlicher Hasenfuß wie ich. Oft schaut er sinnierend in die Ferne, und ich weiß, er sieht ein wutverzerrtes Babygesicht vor sich. Derweil rumpelt es in meinem Bauch, und eine Ausbeulung wird sichtbar. Ich glaube tatsächlich, das Kind demonstriert. Gegen die Hasen-füßigkeit?

Im Urwald

So ein Baby ist eigentlich gar nicht teuer. Am Anfang dachte ich ja noch, wir müssten das eine oder andere für das Kind anschaffen, Wäsche zum Beispiel oder eine Wickelauflage. Je näher aber der Geburtstermin rückt, desto mehr stelle ich fest, dass ich mir sämtliche Einkäufe sparen kann.

Zur Zeit besuche ich nämlich systematisch alle meine Freundinnen, die Kinder haben, um einen anschaulichen Eindruck vom Familienleben zu gewinnen. Und was sagen diese gestandenen Mütter, wenn sie hören, dass es in fünf Wochen so weit ist? »Au prima«, sagen sie, »dann kannst du unsere Babywippe haben.« Und so kommen von der Wiege bis zum Body Größe 56 alle Baby-Utensilien ins Haus – geliehen oder geschenkt von anderen Müttern, die die Sachen ihrerseits geliehen oder geschenkt bekommen haben. Überrascht sehe ich mich eingebunden in ein Netz weiblicher Solidarität, das auch unter den Urwaldvölkern von Borneo nicht besser funktionieren dürfte.

Ich könnte mich also ruhig hinsetzen und huldvoll die Leihgaben entgegennehmen, im Vertrauen darauf, dass man »alles, was dann noch fehlt, eh nach der Geburt geschenkt bekommt«. So viel Gelassenheit bringe ich aber nicht auf, schließlich bin ich keine Urwaldschwangere, sondern eine marktwirtschaftserprobte Konsumentin, die die gesamte Breite des Angebots kennen lernen und Produkte miteinander vergleichen möchte.

Daher laufe ich in alle Babygeschäfte der Umgebung: Im alternativ angehauchten »Geburtsladen« zeigt mir eine Heilige die italienische Methode des Wickelns mit Stoffwindeln, im piekfeinen »Babissimo« will mir die duftende Verkäuferin ein Babyjäckchen für 250 Mark verkaufen; durch ganze Landschaften von Wickelkommoden wandere ich und rüttele an übereinander aufgehängten Kinderwagen, die anschließend mit großem Getöse auf meinen Kugelbauch einstürzen. Dass wir werdenden Mütter eine heiß umworbene Konsumentengruppe sind, ist ja klar. Unser Geld sitzt besonders locker in der Tasche, jeder Funken Vorfreude sprengt uns das Portemonnaie auf.

Darüber hinaus erfordert es größere intellektuelle Anstrengung, ein Kind zu bekommen! Es gilt, eine Fremdsprache zu lernen – was ist ein »Maxi-Cosi«, ein »Baby-Björn«, ein »Tripp-Trapp«, und was um alles in der Welt sind »Stopper-Socken«? Es bedeutet, sich in schwierige technische Details einzuarbeiten – was sind die Vorteile eines Schwenkschiebers bei Kinderwagen? – und weltanschauliche Grundsatzfragen zu klären: Stoffwindeln oder Einmalwindeln? Und: Soll ich mich in ein vier Meter langes Tragetuch einwickeln, um mein Kind orthopädisch korrekt zu transportieren? (Vorher ist ein vierstündiger Kurs zu belegen.)

Den besten Überblick über das Angebot gewinne ich jedoch aus den zahlreichen Versandkatalogen, in denen lauter glückselige Babys abgebildet sind. Stunden kann ich mit diesen Druckwerken verbringen und dabei hoffnungslos ins Bilderbuchstadium zurückfallen. Dabei habe ich übrigens festgestellt, dass meine scheinbar so freigebigen Freundinnen mir doch vieles vorenthalten haben: Keine hat mir beispielsweise jene praktische Funkkamera (»drahtlose Live-Übertragung«!) angeboten, mit deren Hilfe man den Schlaf des Kindes am eigenen Fernsehschirm akustisch und visuell überwachen kann (spart lästiges Nachgucken am Kinderbett). Keine hat mich auf die entzückenden Holzdöschen hingewiesen, in denen man die erste Locke und den ersten Zahn des Kindes für die Ewigkeit aufbewahren kann. Niemand hat mir den Teddy empfohlen, der die Darmgeräusche und den Herzschlag der Mutter simuliert (spart lästiges Aufstehen in der Nacht). Und wo bleibt die Kindernachtlampe mit eingebauter Kassette, die Märchen

erzählt und Lieder singt (spart lästiges Einreden auf verstockte Babys)? Die brauchen wir doch unbedingt!

Als ich meine Freundinnen deswegen zur Rede stellte, behaupteten sie frech, man könne ein Kind auch ohne derart segensreiche Utensilien großziehen. Haha! Im Urwald vielleicht.

Eine gute Mutter

Die Väter haben es ja auch nicht leicht. Was alles von ihnen erwartet wird! Der werdende Vater jedenfalls macht in letzter Zeit einen nachdenklichen Eindruck. Er fragt sich, ob er ein guter Vater werden wird. Ich bin da optimistisch, denn der Mann ist, was zum Beispiel die partnerschaftliche Aufteilung der Hausarbeit angeht, ein leuchtendes Vorbild für seine Geschlechtsgenossen und sollte eigentlich in Bronze gegossen werden. Zwar hat er lange behauptet, er könne mit Kindern nichts anfangen und seine Freunde hätten auch keine, Säuglinge finde er langweilig und Kleinkinder albern, aber wir Frauen wissen ja, was hinter solchen Sprüchen steckt. Eine tiefe, nicht eingestandene Sehnsucht nach Fortpflanzung! Ein fürsorgliches Vaterherz!

Das Problem sehe ich eher bei mir. Ob ich eine »gute Mutter« im klassischen Sinne sein werde, beschäftigt mich nicht so sehr; dafür sehe ich eh keine Chance. Die traditionelle gute Mutter ist ja die, die sich aufopfert, die immer da ist und sofort weiß, welches Säftchen gegen welches Wehwehchen hilft. So werde ich beim besten Willen nicht sein. Ich frage mich auch nicht, ob ich alles richtig machen werde, denn das scheint mir genauso aussichtslos. Wie soll man ausgerechnet beim ersten Kind alles richtig machen, wenn man sonst im Leben so viel falsch macht?

Dabei tröstet mich der Gedanke, dass Menschen auf der ganzen Welt und mit den unterschiedlichsten Auffassungen zur Säuglingspflege Kinder bekommen und die Kinder das meist auch überleben. So ein Baby muss ja damit rechnen, als Scheich in Saudi-Arabien, als Eskimo-Girl in Alaska oder als Kleinbauer in Swasiland geboren zu werden. Entsprechend flexibel stelle ich mir das kleine Wesen vor. Die Russen zum Beispiel kennen gar nicht die Institution des Bäuerchens, berichtet meine russische Schwägerin, die zufällig ebenfalls schwanger ist. Millionen kleiner Russen werden also allabendlich ins Bett gelegt, ohne vorher aufzustoßen! Und gleichzeitig wanken Millionen deutscher Mütter nächtelang durch die Flure, bis ihrem kleinen Liebling der erlösende Rülpser entfährt! So viel zum Thema Babypflege.

Mein Problem ist ein anderes und viel grundsätzlicher: Ich kann mir nicht vorstellen, wie ich überhaupt Mutter sein soll. Wenn mir jemand sagt »In vier Wochen bist du Mutter«, dann klingt das ähnlich abwegig wie »In vier Wochen bist du ein Salzstreuer«. Mangelt es mir an Fantasie? Oder klebt meine kinderlose Persönlichkeit so fest an mir, dass sie sich nicht mehr ablösen lässt? Liegt es daran, dass ich noch nie ein Neugeborenes auf dem Arm gehabt habe? Oder bin ich ein Ungeheuer?

Inzwischen haben wir ein Kinderzimmer eingerichtet, mit Teppichen und Gardinen von Ikea und einer Wiege, die wir geliehen bekommen haben. Eine Kommode für die Wäsche steht drin, und der Kindsvater hat eine Wickelplatte in ein Regal hineingezimmert, die unserer Körpergröße optimal angepasst ist. Ein paar Mal am Tag gehe ich in das Zimmer und versuche, mir ein Kind darin vorzustellen. Es gelingt mir nicht.

Der Kindsvater sagt, ich mache einen nachdenklichen Eindruck.

Über den Termin

Die Zeiten sind vorbei, da werdende Mütter pünktlich zum errechneten Geburtstermin in die Klinik bestellt und dort mir nichts, dir nichts von ihren Kindern entbunden wurden. Heute dürfen die Babys kommen, wann sie wollen, auch an Sonntagen. Wenn sie aber gar zu lange im Mutterleib bleiben, werden die Ärzte auch heute noch nervös. Mich zum Beispiel schnallen sie jetzt jeden Tag ans CTG, Glibberpaste auf den Bauch, zwei Bänder mit Sonden drumherum, und dann rattert und ruckelt es und ein Papier mit schwarzer Zickzackschrift kommt raus. »Ihr Baby schläft wohl gerade«, heißt es danach, oder »Da hat es sich aber kräftig bewegt«. Jedenfalls ist immer alles in Ordnung. Das wusste ich eh!

Wir sind in bester Ordnung, wir zwei. Das Kind ist einfach faul oder ich bin ängstlich – jedenfalls entschließen wir uns nicht zum letzten Schritt. Zehn Tage länger als vorgesehen ist es nun schon in mir drin oder bin ich um es herum, und keiner von uns beiden mag sich vom anderen trennen. Auch dem Kindsvater scheint es nicht eilig zu sein. Er sitzt des Öfteren über seinen Spaghetti und sagt wehmütig: »Das ist vielleicht der letzte ruhige Abend.« Oder: »Wer weiß, in wie viel Jahren wir wieder durchschlafen können?« Oder ähnlich aufmunternde Sprüche.

Dennoch tue ich natürlich alles, um die Hebammen in der Klinik zufriedenzustellen. Ich schmiere mir orangefarbenes Uterus-Öl auf den Bauch und murmele dabei beschwörende Formeln. Ich schlucke weiße Kügelchen, die mich homöopathisch in Schwung bringen sollen. Ich stapfe Treppen hoch und runter und wuchte mich dreimal quer durch den Park. Bis vorgestern habe ich auf den Vollmond vertraut, der angeblich die Wehen anregen soll, jedoch ergebnislos verstrichen ist. Danach habe ich mich sogar für Akupunktur-Versuche hergegeben. Eine Hebamme piekste mir zwei Nadeln in die Hand und den Fußknöchel und drehte fröhlich an ihnen herum, bis ich dem Kreislaufkollaps nahe war. Wie soll ich die Geburt überstehen, wenn mich schon zwei Nädelchen in Panik versetzen? Noch ein Grund mehr, die Sache aufzuschieben.

Eine Bekannte meiner Mutter, die Kosmetikerin ist und einen Hang zur Esoterik hat, empfahl mir, vor dem Einschlafen mit dem Kind zu sprechen. Ungefähr so: »Höre, du kleines Wesen, du warst jetzt lange genug hier drin, du musst dich trauen und rauskommen, vor dir ist ein Tunnel, aber an seinem Ende ist Licht, nimm dir ein Herz, deine Mutter freut sich doch auf dich« und so weiter. Ich tue das auch, aber je schläfriger ich werde, desto mehr Unsinn rede ich. Ich verrate dem wohlig rumpelnden Kind zum Beispiel, was der Kindsvater gesagt hat, ich erzähle ihm von Kinofilmen und Chanson-Abenden, die es nach seiner Ankunft nicht mehr geben wird, von dem ganzen Glück, das eine Frau empfindet, wenn sie allein und vogelfrei durch eine fremde Stadt spaziert, hier einen Kaffee trinkt und dort in ein Museum oder eine Boutique geht, ohne auf die Uhr oder eventuell mitreisende Familienangehörige zu achten, ich murmele, schon halb im Traum, einen Hymnus auf die Unge-bundenheit, die Selbstbestimmung, auf die Freiheitsrechte des mitteleuropäischen Erwachsenen. Am Ende flüstere ich »Mach dir keine Sorgen, wir schaffen das schon« und hieve meinen Bauch in die Schlafposition. Drinnen regt sich nichts mehr.

Das Kind

Das Kind hat braune Haare, die sich ringeln, wenn sie nass werden. Es hat lange Fingernägel wie ein chinesischer Mandarin. Seine Hände sind dick und groß, als wollten sie sich zu Pranken auswachsen, sein Kopf ist breit, beinahe viereckig. Es atmet leise und auf einmal ganz schnell, dann bekomme ich Angst. Wenn es schläft, könnten wir mit ihm in die Oper gehen, es würde nicht aufwachen. Im Schlaf zieht es Grimassen und manchmal lächelt es auch, aber ruckartig und wie missbilligend. Das Kind gähnt viel und lange, es reißt dabei das Maul auf wie ein Löwe und macht es erst nach langen Sekunden wieder zu. Leuchtend blaue Augen hat das Kind, die ihre Farbe auch nicht mehr ändern werden, glaubt der ebenfalls blauäugige Kindsvater. Es guckt herum und scheint doch nichts zu erkennen; es ist in seiner eigenen Traumwelt.

Das Kind hat keinen Hals; sein Kopf fällt ihm nach vorne und zur Seite weg, wir müssen ihn sanft mit den Fingern abstützen. Es macht kleine Geräusche, ein Gluckern, ein Schrappen, ein Ächzen. Wenn es schreit, klingt es schnarrend und wie aufgezogen. Das Kind hat häufig Schluckauf, der seinen kleinen Körper heftig erschüttert und den es doch stoisch hinnimmt wie ein seit langem gewohntes Naturereignis; Schluckauf gab es auch schon im Mutterleib. Seine Bewegungen sind tastend, schläfrig, traumwandlerisch. Das Kind hat eine gelbliche Hautfarbe, Neugeborenengelbsucht, sagt die Hebamme: Wir sollen es ans Fenster ins Tageslicht legen, dann geht das vorbei. Das Kind ist groß und kräftig für ein Neugeborenes, es wirkt auch gar nicht hilflos. Steckt man ihm einen Finger in den Mund, so saugt es daran mit erstaunlicher Kraft. Wir stehen davor und gucken es stundenlang nur an.

Das Kind ist hinreißend.

Tag vier

Tag vier nach der Geburt des Kindes. Ist die Welt noch dieselbe? Wir laufen durch den Park, mit dem großen blauen Liegewagen vor uns, und ich staune: wie selbstverständlich die Menschen hier sitzen, schwatzen, essen, wie scharf der Schatten der Kastanienbäume auf die Wiese fällt, wie rot die Bänke sind. War das alles auch hier, während ich mich im Kreißsaal quälte? Ganz langsam, so scheint mir, tauche ich aus einem Nebel auf, aus einem Alptraum und einem Glücksrausch, von dem die anderen nichts ahnen und den sie sich auch nicht annähernd vorstellen können.

Der Kinderwagen ist unzweifelhaft echt. Der Park dagegen ist wie eine Kulisse, die ein Maler in zu grellen Farben bemalt hat. Meine Augen sind diese Buntheit nicht mehr gewöhnt. Sie haben so lange nur auf das Kind gestarrt, dass sie weiter entfernte Gegenstände nicht mehr wahrnehmen. Kann ich wieder in die Außenwelt hineinspringen und mich in ihr bewegen wie früher? Oder lebe ich von nun an in einer eigenen Welt, in einer Mutter-Kind-Blase?

Zu den alltäglichen Verrichtungen ist mein Kopf nicht mehr in der Lage. Ich vergesse sofort, wo ich mein Portemonnaie hingelegt habe oder was ich vorhatte, als ich mich auf den Weg in die Küche machte. Die Geburt hat mein Gehirn offenbar so angestrengt, dass es jetzt ausgepresst und schlaff unter der Schädeldecke hängt. Habe ich zwischen den Wehen zu viel nachgedacht?

An einen Gedanken erinnere ich mich gut: Es kann doch nicht wahr sein, schoss mir nach ungefähr fünfzehn Stunden Kampf durch den Kopf, dass all die Menschen, die über diese Erde wuseln, die beim Busfahren im Weg stehen und bei

Reichelt an der Kasse, die in Singapur Zeitungen verkaufen und im Grunewald den Hund ausführen, dass all diese Menschen unter derartigen Qualen zur Welt gebracht wurden, dass man sich meine Schmerzen also gewissermaßen milliardenfach multipliziert vorstellen muss. Diesen Gedanken habe ich in den folgenden Stunden so oft wiederholt, dass eine andere, näher liegende Frage – wo ist die Betäubungsspritze? – gar nicht in mein Bewusstsein dringen konnte.

Im Nachhinein erscheint mir fast alles, was ich über Geburten gelesen habe, als romantisches Geschwätz: die Geburt als erhebendes Erlebnis, bei dem die Frau selbstbestimmt den Signalen ihres Körpers folgt ... Bei anderen ist es vielleicht so. Bei mir war's pure Schinderei. Erhebend war es nicht.

Der Ort im Gehirn jedenfalls, der sich normalerweise merkt, wo die Schlüssel liegen, funktioniert nicht mehr. Deswegen ist mein Kopf aber nicht leer. Er quillt fast über: vor Stolz, vor Dankbarkeit, vor Verwunderung, vor Glück. Die Leute im Park merken nichts davon. Aber in unserem blauen Kinderwagen liegt eine Sensation.

Spät gebärend

Ich bin eine entschiedene Verfechterin des späten Gebärens, ja, ich würde in jeder Demonstration von spät Gebärenden in vorderster Linie marschieren und sogar in einen Club von Last-Minute-Mothers eintreten. Die späte Mutterschaft hat meiner Meinung nach viele Vorteile.

Man hat sich lange genug im Leben umgesehen, um zu wissen, dass die großen Wunder nicht zu erwarten sind, und der Männer hat man so viele kennen gelernt, dass eine temporäre Monogamie nicht mehr ausgeschlossen scheint. Mit Mitte dreißig ist die Persönlichkeit gefestigt, so dass einen die Mutterschaft vermutlich nicht in eine Identitätskrise stürzt. Die Großeltern sind schon altersweise und pfuschen nicht mehr im Leben der jungen Familie herum. Und außerdem kann man von denjenigen, die uns zuvorgekommen sind, Ratschläge und Babykleidung abholen. Der einzige Nachteil, den ich beim spät Gebären erkennen kann, tritt beim Gebären auf.

Mein ganzes Leben lang habe ich mir vorgestellt, dass mir, falls ich mal ein Kind bekäme, eine kleine, füllige Hebamme mittleren Alters zur Seite stehen würde, eine Frau, die selbst schon drei Kinder geboren und tausende auf die Welt hat kommen sehen, eine untersetzte, bodenständige Person, ein mütterlicher Typ, der mit natürlicher Autorität genau im richtigen Moment auf meinen Po klatscht und ruft: »Jetzt loslassen!«

Solche Hebammen scheint es aber nicht zu geben, denn wer will in mittleren Jahren und mit drei eigenen Kindern schon noch Schicht- und Nachtdienste machen? Die Hebammen jedenfalls, die mir bei meinem Klinikaufenthalt begegnet sind, waren allesamt sehr jung, sehr dünn, sehr zart, ätherische Wesen, die wie ein Lufthauch über die Gänge schwebten und den Eindruck vermittelten, sie wüssten kaum, wie ein Baby in den Bauch kommt, geschweige denn, wie es wieder herauskommt. Hätte ich mein Kind mit zwanzig bekommen, wären mir die Mädels möglicherweise wie Respektspersonen erschienen. So jedoch fürchtete ich die ganze Zeit, ihnen mit meinem Gebrüll die ätherische Laune zu verderben.

Viele Frauen erzählen ja, dass sie bei der Geburt ganz irrationale Sachen gesagt hätten, zum Beispiel »Ich gehe jetzt nach Hause« oder »Elefanten mag ich nicht«. An derartige Aussprüche kann ich mich nicht erinnern. Ich muss aber etwas Ähnliches gemurmelt haben wie »Wo ist denn die Chefin?« oder »Gibt es hier auch Erwachsene?« Dies jedenfalls berichtet der Kindsvater, der im Übrigen noch älter ist als ich und rein rechnerisch auch Vater der Hebammen hätte sein können.

Ich will den Mädchen aber nicht Unrecht tun. Sie waren zwar über den Zustand meines Muttermunds und den Geburtsverlauf sehr unterschiedlicher Meinung – die eine meinte über viele Stunden, es ginge doch wunderbar voran, die andere hatte schon die Saugglocke in der Hand –, aber am Ende ist das Kind auf natürlichem Wege und gesund, wenn auch blau und, wie mir schien, fischähnlich zur Welt gekommen.

Zu diesem Zeitpunkt fühlte ich mich schon wie hundert, während die Hebammen in immer hellerer Morgenfrische erstrahlten. Sie betteten mich noch im Kreißsaal auf eine Liege, wo ich samt Baby wie auf einer Totenbahre lag, und hüpften fröhlich um mich herum. »So ein süßer kleiner Kerl«, jubelte die eine. »Und Sie waren so tapfer!«, sagte die andere, offenbar erschrocken über mein verblichenes Aussehen. Auch der Kindsvater war leichenblass und wirkte um Jahrzehnte gealtert. Mittlerweile kamen mir die Hebammen so jung vor, dass ich sie kaum von meinem neugeborenen Baby unterscheiden konnte. »Danke, Kinder, es war nett bei euch«, flüsterte ich noch mit letzter Kraft und hauchte mein Leben aus.

Das Stillen

Ich habe in der Schwangerschaft viel gelesen, aber ein Buch übers Stillen zu kaufen habe ich mich geweigert: Das klappt ja wohl von alleine, dachte ich, da dürfen wir doch noch auf Mutter Natur vertrauen! Einfach ranhalten und fertig! Mutter Natur hat meine überheblichen Gedanken offenbar vernommen. Und hat sich einen kleinen Dämpfer für mich überlegt.

Das Kind trinkt wunderbar an der rechten Brust und lehnt die linke Brust angeekelt ab. Warum nur, warum? Die Hebamme meint, vielleicht sei meine linke Körperhälfte generell weniger funktionstüchtig und attraktiv. Es stimmt: Meine linke Hand ist ungeschickt, mein linkes Auge sieht schlecht, und durch mein linkes Nasenloch kriege ich kaum Luft; von links sehe ich abschreckend aus. Ich kann nicht einmal ausschließen, dass meine linke Brust heimlich statt Muttermilch Kokossaft produziert. Aber soll sie deswegen auf Fußballgröße und -härte anschwellen, nur weil das Kind sie nicht leer trinken will?

Ich habe verschiedene Stellungen probiert: Ich lege mich neben das Kind und quetsche es an mich, ich stapele Kissen um mich herum und drapiere das Kind mal höher, mal tiefer, mal gerade, mal schief darauf, ich halte das Kind im Arm wie die heilige Mutter Gottes, dann werfe ich es mit den Beinen über meine Schulter und drücke es von oben an das Objekt seiner Abneigung, und am Ende lege ich es auf den Boden und beuge mich auf allen Vieren darüber wie die römische Wölfin, die Romulus und Remus säugte. Derweil schreit das Kind vor Wut, denn es will trinken und nicht Zirkus spielen. Bis die Hebamme kommt und es mit ein paar flinken Handbewegungen so hinzuppelt, dass es die Orientierung verliert und im Glauben, es sei die rechte Brust, auch die linke mit seinem Piranha-Schnappen beehrt.

Ich weiß inzwischen, dass es Stillgruppen gibt, in denen derartige Probleme gemeinschaftlich bearbeitet werden: Diese Treffen stelle ich mir wie ziemlich wilde Kissenschlachten vor. Oder sitzen alle Mütter glückselig schweigend auf dem Fußboden, und nur das kollektive Gluckern der simultan gesäugten Babys stört die friedvolle Stille? Ich werde es nie wissen.

Immerhin habe ich jetzt doch ein Buch übers Stillen gelesen, mit Kapitelüberschriften wie »Hilfe, ich bin für mein Kind nur noch Busen!«. Wie empfohlen, stehen jetzt überall in der Wohnung Wasserflaschen herum, damit ich nicht auf dem Weg vom Wohnzimmer in die Küche verdurste. Ich versuche auch, beim Stillen eine angenehme Atmosphäre zu erzeugen, ich mache schöne Musik an und dämpfe das Licht. Bisher hat das alles nicht geholfen. Ich fürchte, ich bin für mein Kind nur der rechte Busen.

Das Zentrum der Welt

Das Zentrum der Welt liegt in einer Tragetasche auf dem Sofa und maunzt. Um es herum kreisen seine Satelliten: Der Kindsvater schafft neue Windelvorräte heran, die frisch gebackene Großmutter kocht für viele Wochen Hühnergulasch vor, ich wasche Stilleinlagen aus und ordne die Crempröbchen aus dem Krankenhaus, die Geschenke von Tanten und Bekannten und die geliehenen Strampler, die mit rotem Faden von Ela, die mit grünem von Susanne.

Immer mal wieder erscheint in der Tür eine Freundin, mit Blumen und Spieluhr im Arm, und erklärt, das Kind sehe dem Kindsvater täuschend ähnlich. Dann bin ich eine Sekunde lang beleidigt und wiederhole, das sei nur eine List der Natur: Neugeborene sähen immer ihren Vätern ähnlich, damit die Herren nicht Reißaus nähmen, wie ich irgendwo gelesen habe. Hier jedenfalls, in unserer Wohnung, ist die Einsatzzentrale für das Unternehmen Baby, und der Rest des Universums hat sich in die Bedeutungslosigkeit verkrochen, wo es ihm gehen mag, wie es will.

Jeden zweiten Tag kommt Bianca, unser Fels in der Brandung des Babysturms, die geduldigste Hebamme der Stadt. Die meisten Probleme löst Bianca mit Muttermilch: Wenn man Muttermilch auf ein Baby träufelt, heilt ein wunder Nabel, Hautreizungen klingen ab, und sogar das verklebte Auge, das eines Morgens plötzlich da war und mich heftig erschütterte, wird wieder klar. Außerdem hat Bianca noch Kirschkernkissen, Öle und Tees im Gepäck und eine resolute Abneigung gegen all die duftenden Püderchen, Cremchen und Tüchlein, mit denen die Kosmetikindustrie ihr Überleben sichert. Alles unnötig, schlichtes Wasser tut's auch, meint Bianca, die sich selbst als »Minimalistin« bezeichnet.

Wir glauben ihr das gerne, aber vor lauter Minimalismus sind wir erst spät auf die Idee gekommen, dem Kind einen Schnuller zu besorgen. Der Kindsvater glaubte, ein schlichter Finger tue es auch – bis er merkte, dass er weite Strecken des Tages mit dem Finger im Babymund verbrachte und andere wichtige Aufgaben vernachlässigte. Nun also haben wir einen Schnuller und sind glücklich damit.

Das Kind schreit Gott sei Dank nicht ständig, zwischendurch schläft es. Wenn es schreit, stecken wir die Köpfe über der Tragetasche, in der es liegt, zusammen und überbieten uns mit Theorien: »Vielleicht ist er müde?« – »Vielleicht hat er Hunger?« – »Vielleicht hat er Blähungen?« – »Vielleicht ist es nur allgemeiner Weltschmerz?« Der Kindsvater neigt immer zu den Theorien Blähungen und Weltschmerz, ich dagegen tippe regelmäßig auf Hunger. Damit habe ich auch immer Recht, denn sobald ich es anlege, schweigt das Kind. Bianca meint aber, ich solle es nicht zu oft trinken lassen, sonst bekomme es Blähungen, wodurch sich wiederum der Kindsvater bestätigt fühlt. Bianca erzählt auch gern von Kindern, die drei Monate lang permanent Blähungen haben und ihre Eltern bis zum Nervenzusammenbruch anbrüllen; so schlimm ist es bei uns nicht.

Unser Kleiner schreit am liebsten abends. Dann trägt ihn der Kindsvater durch die Wohnung und pfeift ihm was vor. Ich glaube, es ist ein Lied über Weltschmerz und Blähungen.

Die Liebe zur Natur

Kaum ist das erste Kind da, so sagt man, erwacht bei den Eltern die Liebe zur Natur. Trieben sie sich vorher mit Vorliebe in Cafés und Straßenschluchten herum, so entwickeln sie plötzlich Visionen von einer Rasenfläche mit Schaukel und Plantschbecken und seufzen romantisch beim Anblick eines Komposthaufens. Wie viel Lärm und Gestank der Autoverkehr produziert, fällt einem sowieso erst richtig auf, wenn man einen Säugling durch die Benzinwolken schiebt. Und immer öfter hören wir die Frage: »Na, zieht ihr jetzt ins Grüne?«

Um es gleich zu sagen: Wir denken nicht daran. Ich würde nur dann ins Grüne ziehen, wenn es dort reichlich Straßenschluchten und Cafés gäbe. Aber auch ich verspüre in letzter Zeit häufig Sehnsucht nach einem Garten. Denn eins ist klar: Auch unser Kind wird plantschen wollen. Und auch unser Kind wird eines Tages entdecken, dass es unterschiedliche Arten von Bäumen und Sträuchern gibt, und nach ihren Namen fragen. Was sollen eingefleischte Städter und Gartenignoranten da antworten? Soll ich etwa mit der Selbstgewissheit einer Gymnasiallehrerin verkünden: »Mein Sohn, das sind alles Abarten der Kastanie«?

Noch interessiert sich das Kind nicht für derart schwierige Fragen. Ich aber bin seit seiner Geburt regelmäßige Besucherin der Kleingärtnerkolonie Württemberg bei uns um die Ecke und trainiere für meine künftige Rolle als allwissende Übermutter. Dazu folge ich dem ausgewiesenen Rundgang, der gerade breit genug ist für einen Kinderwagen, schaue den Kleingärtnern beim Sonnenbaden und Unkrautjäten zu, informiere mich am Schwarzen Brett über die Gefahren der Monilia-Spitzendürre – Pilzsporen, die Mandel- und Kirschbäume befallen –

und bestaune die Vielfalt der Pflanzenwelt, die ein Großstädter so dicht gedrängt wohl kaum anderswo erleben kann. Hier reifen allerhand Obstsorten, die man aus dem Supermarkt kennt, Pflaumen, Äpfel, Birnen, Brombeeren und Tomaten, und Blumen, die ich nicht benennen kann, blühen um die Wette. Mittendrin sitzen die Kleingärtner beim Kaffeeklatsch und lassen die Spaziergänger an sich vorüberziehen, gleichmütig wie Braunbären im Zoo.

In der Kolonie Württemberg gibt es auch zwei Bänke, auf denen die Öffentlichkeit Platz nehmen kann. Auf einer von ihnen sitze ich dann, während mein Kleiner chlorophyll-gesättigte Luft atmet. Ein Schmetterling flattert vorbei, und eine Kleingärtnertochter haut mit der Plastikschaufel auf das Fallobst ein. Angenehm weltentrückt fühlt man sich hier. Und erst das Gezwitscher der Vögel! Wie sie wohl im Einzelnen heißen? Ich vermute, es sind Abarten der Amsel.

Babymassage

Mutter wird man heutzutage nicht mehr einfach so. Da die meisten von uns mangels Großfamilie vor der Geburt des eigenen Kindes nie einen Säugling in den Händen gehabt haben, bedürfen wir der Belehrung. Na gut, die eigentliche Empfängnis kriegen wir vielleicht noch hin, ohne vorher einen Kurs besucht zu haben. Aber alles, was darauf folgt, ist im Grunde eine groß angelegte Weiterbildungsaktion. Keine Mutter ohne ein Regalbrett voller Ratgeber und ohne Terminplan voller Kurse.

Ich bin immer schon eine fanatische Kursbesucherin gewesen, wobei es mir fast egal ist, ob Tanzen, Chinesisch oder die Prinzipien der Buchführung gelehrt werden. Als Mutter bin ich daher ganz in meinem Element: Mein Baby verschafft mir Einlass in eine ganz neue Welt von Kursen. Mögen sich die Kinderlosen in Rhetorik, Selbstmanagement oder sanften Führungstechniken üben – wir Mütter bevölkern Kurse wie Babymassage, Babyschwimmen, Säuglingsgymnastik und PEKiP, wir machen Rückbildungstraining mit Yoga, Salsa und Merengue, wir treffen uns in Krabbel-, Mutter-Kind- oder Stillgruppen. Dies alles tun wir, um uns fortzubilden, um andere Mütter kennen zu lernen und weil es drittens auch dem Baby nicht schadet.

Neuerdings gehe ich in einen Babymassagekurs. Im Gesundheitsamt meines Bezirks, sechster Stock, ein winziger bunter Raum mit Krepppapier an den Wänden, Mobiles an der Decke und Spielzeug in den Ecken. Hier lassen wir uns nieder, ungefähr acht Mütter.

Das dauert schon mal eine halbe Stunde: Kind aus dem Kinderwagen nehmen, Handtuch ausbreiten, Kind rauflegen, Kind ausziehen, Windel abnehmen, Po abwischen, Öl rausnehmen, sich selbst ausziehen, denn der Raum ist geheizt, wieder aufstehen, weil man im Kinderwagen die Ersatzwindel vergessen hat. Derweil beginnt das Kind zu schreien, also Bluse auf, Kind stillen – welche Brust war gerade dran? –, Kind wieder hinlegen und so weiter. Das Mutterdasein ist ja eine Abfolge von ungewohnten Handgriffen und vor allem ein einziges Ein- und Auspacken. Irgendwann liegt das Kind dann vorschriftsmäßig nackt und ruhig vor einem. Nun beginnt die Massage, die ihm einen besseren Start ins Leben ermöglichen soll.

Ich habe ein romantisches Buch von Frédérick Leboyer, dem Begründer der Lehre von der »sanften Geburt«, über die traditionelle Kunst der indischen Babymassage. Darin ist eine wunderschöne Inderin abgebildet, die über die Massage einen »stillen Dialog der Liebe« mit ihrem Baby führt, »fast wie ein Ritual, ein Tanz – die Ruhe der Bewegungen, ihre kontrollierte Kraft, Zärtlichkeit und Würde« – und das alles auch noch mitten im Slum. »Sprich durch deine Hände«, rät Leboyer den westlichen Muttis, »lass alles aus deinem Herzen kommen. Sei hier, lebe jetzt, ganz und gar! Ihr werdet ein ununterbrochenes Zwiegespräch führen. Natürlich nicht mit Worten. Echte Verständigung geschieht schweigend.«

In meinem Babymassagekurs geschieht die Verständigung quäkend. Kaum ein Baby lässt es einfach so zu, dass man ihm die Arme »melkt«, wie der Fachausdruck heißt, oder gar den »Sonnenmond« in den Bauch drückt. Mein Kind sträubt sich wie ein wütender Kater, wenn ich versuche, seine Arme zu überkreuzen, obwohl das angeblich Spannungen im Rücken löst, die Brust öffnet und den Atem befreit. Einen stillen Dialog der Liebe kann ich nur mit seinen Beinen und seinem Rücken führen.

Auch bei meinen Mutter-Kolleginnen kann ich keinerlei Würde oder kontrollierte Kraft erkennen. Wir zuppeln halt ein bisschen an den Kindern rum, streichen über die nackte Haut, liebevoll, das schon, und freuen uns wie Honigkuchenpferde, wenn uns das massierte Kleinwesen anlacht. Danach erörtern wir die Frage, welches Kind nachts wie oft aufwacht und wer von uns seit der Geburt schon wieder mehr als vier Stunden am Stück geschlafen hat (keine). Anschließend folgt das Einpacken des Babypakets mit den gewohnten Handbewegungen. Und die Erkenntnis: Wer eine Massage braucht, sind wir.

Die Vorteile des Kinderwagens

Einst schritt ich frei und strahlend durchs Leben wie ein Held aus der griechischen Sage. Türen öffneten sich wie von selbst, enge Gänge durchquerte ich mit erhobenem Kopf, Treppen schwebte ich leichtfüßig empor. Ich war wie Luft, ich tanzte bei jedem Schritt! Innerhalb von Sekunden war ich an jedem Ziel, getragen von weit ausschwingenden Beinen. Dann kam der Kinderwagen.

Der Kinderwagen stößt überall an und ist überall im Weg, er wiegt so viel wie ein Fernseher und kann keine Treppe alleine hinuntergehen. Daher muss ich ehemalige Heldin jetzt ständig bitten und danken: »Könnten Sie vielleicht mal...?«, »Ach, das ist aber nett!«, »Würde es Ihnen etwas ausmachen...?« Elternschaft ist eine Einübung in Demut, Dauerlächeln und in die Höflichkeitsform der deutschen Verben. In keiner anderen Lebensphase ist man so auf das Wohlwollen der Mitmenschen angewiesen. Bleibt es aus, fährt die U-Bahn eben ohne mich los.

Als Erstes habe ich mir jede Schüchternheit abgewöhnt. An den Bahnhofstreppen bitte ich mit Vorliebe pöbelnde Jugendliche und gefährlich aussehende Männer mit Zahnlücken um Hilfe. Sie sind in der Regel ganz zahm und freuen sich, wenn sie mal gebraucht werden.

Oft verfluche ich den Kinderwagen, aber inzwischen habe ich auch schon einige seiner Vorteile entdeckt. Mit so einem Gefährt vor der Nase macht man einen kolossal harmlosen Eindruck. Mütter von Säuglingen gelten ja als friedliebende Wesen, die, von Stillhormonen benebelt, den ganzen Tag lang nur an das Beste für ihr Kind denken. Ist es also nicht genau der richtige Zeitpunkt, um die kriminelle Karriere zu beginnen, zu der mir bislang der Mut fehlte? Wie schnell gleitet doch ein Smaragdcollier unter die

Kinderwagendecke, wie leicht verschwindet ein Handy in der Wickeltasche! In der vergangenen Woche habe ich meine Diebeslaufbahn mit einer Packung Baby-Feuchttücher begonnen, ich gedenke mich jedoch zu steigern. Dies ist der erste Vorteil des Kinderwagens.

Der zweite Vorteil ist eher geistiger Natur. Das Kind ist im Liegewagen meistens still, und so komme ich zum Nachdenken. Die Schritte verlangsamen sich, der Blick wird offen für die kleinen Wunder am Wegesrand, an denen Kinderwagenlose nichts ahnend vorbeihasten. Ich behaupte sogar: Je gebremster der Gang, desto freier die Gedanken. Mag die Kulturwissenschaft noch so oft den Typus des Flaneurs totsagen, der durch das 19. und die zwanziger Jahre des 20. Jahrhunderts hindurchspazierte, um in der Nachkriegszeit angeblich an Hektik und Pragmatismus zu sterben: In jeder Mutter eines Säuglings lebt er fort. Wer sonst spaziert heutzutage einfach so herum, alleine, gemächlich, und guckt?

Der Clou beim Flanieren oder beim Kinderwagenschieben liegt darin, kein Ziel zu haben, vom Wege abkommen zu dürfen, bei jedem interessanten Eckhaus die Richtung der Schritte und der Gedanken zu wechseln. Erst jetzt lerne ich so richtig die Straßen in unserem Viertel kennen. Dank Kinderwagen kann ich ungeniert meiner Neugier freien Lauf lassen, minutenlang in die Wohnungen starren und auch in jeden Innenhof gehen, der mich interessiert, denn niemand traut mir etwas Böses zu. Im Gegenteil, man lächelt mich an und macht mir die Türen auf. Irgendwann stoße ich bei meinen Spaziergängen immer auf den Kurfürstendamm mit seinen Juweliergeschäften. Wenn ich mich denen nähere, setze ich meinen gutmütigsten Mutterblick auf.

In der Frauenwelt

Ein halbes Jahr meines Lebens habe ich in einer englischen Mädchenschule verbracht. Vor dem Unterricht sangen wir Choräle, die jüngeren Mädels trugen Uniform, und zum Nachtisch gab es riesige Mengen von Pudding mit Vanillesoße. Wir waren alle verschossen in Mr. Carter, den Englischlehrer, weil er der einzige junge Mann war, der unseren Weg kreuzte. Eigentlich war er dazu da, uns Shakespeare nahe zu bringen, aber unsere Aufmerksamkeit war chronisch abgelenkt. Mr. Carter war das Ganze peinlich, was ihn nur noch unwiderstehlicher machte. Wie sehnten wir uns nach Männern wie ihm! Ich erinnere mich, dass ich in jener Zeit extra deswegen in Komödien ging, um mal wieder ein tiefes Lachen aus Männerkehlen zu hören. Damals jedenfalls habe ich gelernt, dass die Mischung der Geschlechter eine Wohltat ist und dass die Schöpferin doch gut daran getan hat, am achten Tag noch schnell aus Evas Rippe einen Mann zu formen.

Seit der Geburt des Kindes, eigentlich schon seit den letzten Wochen der Schwangerschaft fühle ich mich wieder wie in der Mädchenschule. Wo ich hinkomme, sind Frauen. Frauen saßen im Wartezimmer der Frauenärztin, Frauen haben mich in der Klinik empfangen, Frauen dehnten sich mit mir im Geburtsvorbereitungskurs, Frauen treffe ich vormittags in den Geschäften und im Babymassagekurs. Hin und wieder sind die dazugehörigen Kindsväter dabei, aber die betrachte ich als neutralisierte Wesen. Es sind auch ganz überwiegend Frauen, die mich besuchen, um das Kind anzugucken.

Darüber beschwere ich mich nicht. Es ist eine angenehme, freundliche Welt, unser Umgangston ist sanft, wir wollen einander nur Gutes. Aber bisweilen sehne ich mich nach einem frei herumlaufenden Mann, der gerade kein Baby auf dem Arm trägt. Nicht dass ich dem Kindsvater untreu werden wollte; die Monate nach einer Geburt sind eh nicht diejenigen im Leben einer Frau, in denen das erotische Feuer am heftigsten lodert. Nein: Die Männer fehlen mir als Gesprächspartner, als Kollegen und als tiefe Stimmen. Hin und wieder gucke ich mir welche im Fernsehen an.

Eine rein weibliche Veranstaltung ist natürlich auch der Rückbildungskurs. Zuerst habe ich eine »Rückbildungsgymnastik mit Kinderbetreuung« in der Frauenklinik ausprobiert. Da standen zehn bis zwölf Babys in Autoschalen oder Kinderwagen aufgereiht und lächelten erwartungsvoll in die Runde. Kaum hatten wir Mütter uns jedoch in den Gymnastikraum begeben, um unsere strapazierten Muskeln und Bänder wieder in Form zu bringen, da erhob sich draußen ein ohrenbetäubendes Geschrei. Wenn nämlich ein einziger Säugling seine Bezugsperson vermisst, brüllen aus Solidarität alle anderen mit: ein eigentlich sympathischer, aber nervtötender menschlicher Zug. Am Ende der Stunde waren wir gehalten, uns zwecks innerer Sammlung einen leise plätschernden Gebirgsbach vorzustellen. Es gelang mir nicht. Statt dessen dachte ich sehnsüchtig an die beiden Babypuppen aus dem Säuglingspflegekurs zurück, die sich immer vorbildlich still verhalten hatten.

Ich habe mich schließlich für einen anderen Kurs entschieden, in einer Geburtshilfepraxis nicht weit von uns, einer schönen Altbauwohnung. Wir liegen auf roten Matten und bearbeiten unseren Beckenboden, neben oder vor uns die Kinder, die abwechselnd maunzen, gestillt werden, spucken und irgendwelche Rasseln betätigen. Zwischen den Übungen vergleichen wir unauffällig das Spielzeug, die Kleidung und das Gebaren der anderen Babys, wir erfragen deren Alter und erzählen uns unsere Geburtserlebnisse. Ich persönlich werfe auch einen Blick auf die Hüften der anderen und frage mich, wie lange ich wohl brauchen werde, um die überzähligen Kilos auf meinen loszuwerden. Wenn es so weit ist, verspreche ich mir als Belohnung: einen Abend unter Männern.

Gesund für immer

Jeder Mensch sollte von irgendetwas zutiefst überzeugt sein, irgendeine Sache vertreten, die er aus ganzem Herzen der Menschheit nahe bringen möchte, ja eine Mission haben. Ich kann von mir behaupten, dass ich eine solche Mission habe, und zwar seit dem Geburtsvorbereitungskurs.

Bekanntlich ist die Schwangerschaft ja eine Zeit, in der man gute Gewohnheiten annimmt und diese auch beibehält, weswegen Mütter im Allgemeinen die besseren Menschen sind. Im Geburtsvorbereitungskurs jedenfalls haben wir uns nicht nur gerekelt, gedehnt, entspannt und massiert, sondern auch Ernährungstipps erhalten. Das Rezept für die »Milchbildungskugeln« war mir zu kompliziert. Aber den »Stillcocktail«, einen Mix aus Banane, Milch und diversen gesunden Zutaten, habe ich probiert. Und bin begeistert.

Früher stand ich oft in Reformhäusern, Drogerien oder Apotheken und überlegte, welches Vitamin, Enzym, Spurenelement oder welcher Mineralstoff mir wohl fehlen könnte, da ich mich gewöhnlich in grauslichem Zustand befand (fahle Gesichtsfarbe, brüchige Knochen, irrer Blick, Menschenhass, Nachtblindheit, das Übliche halt). Ich verließ den Laden mit zehn Packungen Tabletten, die ich ohne jede Wirkung zur Hälfte schluckte und dann im Schrank stapelte.

Dies ist nun Vergangenheit. Im »Stillcocktail« ist alles drin, was der Mensch braucht, ob er nun stillt oder nicht, und es schmeckt hervorragend. Seit ich ihn täglich trinke, sehe ich aus wie aus der Margarine-Reklame (na ja fast). Man mixe also: ein Glas Milch mit einer Banane und je einem Teelöffel Mandelmus, Weizenkeimen, gemahlenen Sesamkörnern und Hefeflocken, dazu etwas Zimt und Vanille. Ah!

Mütter sind ja in Gesundheitsfragen sehr bewandert, und so wenden einige immer wieder ein, dass der Genuss von Kuhmilch – ebenso wie der von Eiern, Nüssen und so weiter – Allergien und Neurodermitis beim gestillten Kind hervorrufen könne. Allergien – ewiges Gesprächsthema unter Eltern! Woher kommen sie, was kann man dagegen tun? Sechs Monate lang voll stillen, sagen die Ratgeber. Die Kellnerin in meinem Stammcafé empfiehlt Bernsteinarmbänder zur Vorbeugung. Ich für mein Teil halte es mit der Theorie, dass Allergien entstehen, weil Kinder sich heutzutage zu wenig mit Schmutz und Keimen auseinander setzen müssen. Ich habe daher seit der Geburt des Kindes den Hygienestandard im Haushalt drastisch gesenkt. Die Kuhmilch lasse ich mir jedenfalls nicht ausreden!

Vielleicht bin ich deshalb so versessen auf das Getränk, weil ich einen Ausgleich für das brauche, was das Kind mir entzieht. Es gibt Tage, da verlangt das Kind alle anderthalb Stunden nach Nahrung. Das heißt, ich habe zwischendurch ungefähr eine Stunde, um mir die Haare zu kämmen, etwas zu essen oder die Zeitung zu lesen, und schon sitze ich wieder halb entblößt auf dem Sofa und spiele Futtertrog. Mittlerweile trinkt das Kind vorbildlich aus beiden Brüsten, aber zu oft! Es will ein Riese werden!

Es ist ja ein mir unbegreifliches Wunder der Natur, dass die Nudeln, die ich esse, in mir zu Muttermilch werden, um sich dann, am trinkenden Kind, zum Beispiel in Oberschenkelfleisch zu verwandeln. Auch die Ohren des Kindes und seine stark gewachsenen Füße bestehen letztlich aus Muttermilch und somit aus Nudeln. Jeder Millimeter neues Fleisch, das das Kind bildet, stammt von mir. Darüber denke ich nach, wenn ich stille und kein Buch zur Hand habe. Danach schleiche ich zum Mixer und genehmige mir für uns beide einen Cocktail.

Die Zeiten durchmessen

Es ist ein merkwürdiges Paradox, dass die so genannten »öffentlichen« Plätze genau jenen Menschen vorbehalten bleiben, die in der Öffentlichkeit so gut wie keine Rolle spielen. Wer sitzt denn wochentags auf Bänken und lässt sich von der Spätsommersonne bescheinen? Na eben: eine traute Gemeinschaft aus Müttern im Erziehungsurlaub, Rentnern, Arbeitslosen und Alkoholikern. Und wer hockt sich mal eilig hin, um ein Döner zu verschlingen, wobei ihm die Soße aus den Mundwinkeln trieft? Ein Vollzeitberufstätiger in der Mittagspause.

Da ich nun jeden Tag mindestens eine Stunde mit dem Kinderwagen umherspaziere, lerne ich die Plätze in meiner Gegend bestens kennen und bin überhaupt zur Philosophin geworden. Statt zu hetzen, gucke ich, beobachte meine Mitmenschen und denke über den Gang der Welt nach. Einer meiner Lieblingsplätze ist der Ludwigkirchplatz, nur zwei Steinwürfe vom Kurfürstendamm entfernt. Hier wirken gestresste Menschen wie Wesen von einem anderen Stern. Wer in dem blumenumsäumten Park vor dem Backsteinbau der Kirche sitzt und dem Springbrunnen lauscht, der hat die Ruhe weg und Zeit für Gespräche, die drei oder vier Döners lang dauern können.

Gerade in der angeblich so kontaktarmen »Babypause« findet man ja – noch ein Paradox – leichter denn je Kontakt, denn irgendein tief liegender Impuls im Menschen zwingt ihn dazu, das Geschlecht und möglichst auch das Alter eines fremden Säuglings herauszufinden. Ich jedenfalls lerne auf dem Ludwigkirchplatz in einem fort alte Damen kennen. Sie gucken in den Kinderwagen, geben mir gute Ratschläge (»Immer liebhaben! Nicht weh tun! Unbedingt taufen lassen!«) und erzählen mir

49

von der Zeit, als sie Schuhe für ihre Kinder noch auf Bezugsschein bekamen. Geschichtsunterricht für Mütter.

Jenseits der Kirche, auf der anderen Seite des verkehrsberuhigten Platzes, blicke ich dann in die Zukunft. Für jedes Stadium der kindlichen Entwicklung findet man hier brüllende und übers Pflaster hüpfende Anschauungsexemplare. Wer weiß: Vielleicht wird das Kind schon in einem Jahr auf dem hiesigen Spielplatz mit Matsch werfen oder zwischen den Stühlen des eleganten Cafés hindurchtorkeln? Mit noch größerem Stolz erfüllt mich jedoch der Gedanke, dass das Kind, das bisher nur »oggel« und dergleichen belanglose Dinge von sich gibt, irgendwann einmal an den Dialogen wird teilnehmen können, wie man sie hier den tischtennisspielenden Sechsjährigen ablauschen kann (»Fick deine Mutter«, Antwort: »Fick du doch deine Oma« und so weiter). Putzige Kinderwelt!

Auf dem Nachhauseweg durch die Pariser Straße durchmesse ich in meiner Vorstellung dann gar Jahrzehnte. Hier sitzen die Teenager dieser Welt auf Holzbänken vor amerikanisch gestylten In-Lokalen, führen ihre Klamotten vor, trinken Cocktails und wer zum Abitur ein Cabrio geschenkt bekommen hat, der lädt vorzugsweise in dieser Ecke seine langbeinige Begleitung ein und aus.

Ach, Jugend, Zeit der Ungebundenheit, der Träume, des sperrangelweit offenen Horizonts! Eine leise Melancholie beschleicht das mütterliche, nunmehr auf ewig gebundene Herz. Doch dann festige ich mich innerlich. Denn wozu dient die Flirterei, die Protzerei, das ganze eitle Treiben? Letztlich doch nur der Fortpflanzung. Irgendwann habt ihr alle einen Kinderwagen vor der Nase. Und dann sind euch die coolen Cocktails erst mal schnuppe.

Die Glucke

Ich kenne eine ganze Reihe von Frauen – berufstätige, viel beschäftigte Frauen –, die von sich behaupten, sie seien Glucken. Sie sagen es ein bisschen kokett, damit man nicht denkt, sie säßen den ganzen Tag mit drei flaumigen Kindern im Hühnerstall, aber doch mit einem ernsthaften Unterton. Einen wahren Kern muss das schon haben, denke ich dann: Diese Frauen würden ihre Kinder, wenn sie denn die Zeit dafür hätten und keine anderen Interessen, am liebsten rund um die Uhr behüten und beschützen.

Nach zehn Wochen Mutterschaft habe ich von mir den Eindruck, dass ich keine Glucke bin. Ich würde es sehr begrüßen, wenn jeden Morgen eine Fee mit zwei prallen Brüsten anflöge, die mir das Kind drei Stunden lang abnähme, und nachmittags dürfte sie noch mal auf zwei Stündchen wiederkommen. Ich glaube auch nicht, dass das Kind etwas dagegen hätte, denn meiner Ansicht nach erkennt es mich gar nicht.

Meine Umwelt ist da anderer Meinung. Kaum bin ich in Gesellschaft und das Kind beginnt zu schreien, so beeilen sich alle, das Kind an meine Anwesenheit zu erinnern: »Guck mal, da ist doch die Mama!« Dem Kind ist es aber völlig egal, ob ich da bin oder wo ich bin, es schreit weiter. Es sagt auch niemand »Guck mal, da ist doch der Papa!«, obwohl der Kindsvater ebenfalls anwesend ist. Die Leute sagen ihren Mamaspruch also nur, um das irritierende Geschrei irgendwie zu begründen – dem Kind fehlt die Mama –, und vor allem, um mich aufzufordern, aktiv zu werden.

Auch die Wissenschaft beteiligt sich eifrig an der Gluckenbildung: Sie beweist in einem fort, dass Babys schon im Mutterleib und gleich nach der Geburt die Stimme, den Geruch und

womöglich Haarfarbe und Cholesterinspiegel ihrer Mutter erkennen. Das mag sein, aber wer sagt denn, dass die Babys das auch wichtig finden? Ein Kind in diesem Alter möchte genährt, gewärmt und geliebt werden. Von wem ist ihm, behaupte ich, egal.

Kleine Anzeichen von Gluckenhaftigkeit bemerke ich an mir aber doch. Wenn sich zum Beispiel ein Fremder dem Kinderwagen nähert und gar Anstalten macht hineinzufassen, dann fletsche ich innerlich die Zähne, balle die Fäuste und gehe in Stellung, um dem Kerl an die Kehle zu springen. Manchmal ertappe ich mich auch dabei, dass ich neben der Wickelplatte stehe und zugucke, wie der Kindsvater das Kind wickelt. Wieso stehe ich da? Kann der Kindsvater nicht genauso gut wickeln wie ich? Kann er. Aber die Glucke in mir will ihn kontrollieren. Sie glaubt nicht, dass er die richtigen Kleider heraussuchen kann, und sie hat ernsthafte Zweifel, ob er das Kind immer vorschriftsmäßig auf die Seite ins Bettchen legt. Einen Grund für ihre Sorge hat die Glucke nicht, denn der Kindsvater ist anerkanntermaßen in allen praktischen Dingen des Lebens geschickter als sie. Aber sie gackert!

Ich habe der Glucke ihre Nörgelei jetzt streng verboten. Schluss damit, du Federvieh! Es ist meine feste Überzeugung, dass ein Kind in die Welt geboren wird und nicht auf den Arm seiner Mutter. Da ist ein Vater, da ist die Verwandtschaft, da sind Freunde und vielleicht Geschwister. Jeder hat seine eigene Art, das Kind zu nehmen, und jeder hat ein Recht dazu.

Die Glucke hat das eingesehen. Sie gackert nur noch ganz leise.

Fit for the baby

Viel wird darüber geredet, dass Kinder ein Armutsrisiko seien. Das sind sie, wenn sie gehäuft auftreten, sicherlich. Über dieser Diskussion wird aber ein anderer Aspekt völlig vergessen: Kinder sind auch, und zwar permanent, ein orthopädisches Risiko. Das fängt schon beim Stillen an, denn dabei guckt der Mensch vor lauter Mutterliebe ständig nach unten, gen Kind, und verrenkt sich Nacken und Schultern. Anschließend trägt man das süße Ding in der Autoschale herum und riskiert eine halbseitige Lähmung. Dann kommen noch der Kinderwagen dazu, die Einkaufstaschen, der ganze Krempel, den ein kleiner Erdenbürger so braucht. Irgendwann akzeptiert man die neue Identität als Packesel. Aber akzeptiert das auch die Wirbelsäule?

Kürzlich traf ich eine nette junge Mutter samt Sprössling im Bus. Das Kind war quicklebendig, die Mutter ging am Stock. Bandscheibenvorfall, hervorgerufen durch ungeschicktes Hochnehmen des Einjährigen aus der Badewanne. Ein reizendes Kind. Aber warum hatte es wohl dieses triumphierende Glitzern in den Augen?

Unser Kind jedenfalls wiegt jetzt schon so viel wie ein mittlerer Kasten Bier, und die Lage wird täglich bedrohlicher. Jeden Morgen, wenn ich es aus dem Bettchen nehme, lächelt mich das Kerlchen unschuldig an und hat doch hinterrücks schon wieder dreißig Gramm zugelegt. Ein Kilo pro Monat nimmt so ein Knirps zu, ganz ohne Rücksicht auf das Knochengerüst seiner Eltern. Wo soll das enden? Na eben: beim Orthopäden.

Um meinen Weg in die Invalidität zumindest zu verlangsamen, besuche ich wieder regelmäßig mein Fitness-Studio. Unspektakulär, aber sympathisch füllt es eine große Altbauwohnung, die Geräte sind in den vorderen Räumen versammelt, und die Sauna ist dort, wo normalerweise das Bett steht, also ganz hinten. Da es ein Frauenstudio ist, begegnet man dort nicht jenen schwitzenden und keuchenden männlichen Idealisten, die aus rein ästhetischen Gründen trainieren, etwa um so auszusehen wie Arnold Schwarzenegger. Das ist alles Pipifax. Wer wirklich Muskeln braucht auf dieser Welt, das sind die Mütter von Kleinkindern.

An manchen Geräten kann man gleichzeitig Gewichte bewegen und Zeitschriften lesen, das ist praktisch, denn so bin ich stets informiert über das Leben der Reichen und Schönen. Die Lektüre dieser Blätter verleiht mir immer wieder Mut. Es gibt nämlich tatsächlich viele Promis, die gleich mehrere Kinder haben und trotzdem keinen Buckel. Nadja Auermanns Figur ist, wie ich ›Gala‹ entnehmen konnte, nach zwei Geburten lediglich »etwas weiblicher« geworden, Caroline von Monaco und Barbara Becker gehen auch noch aufrecht, und Cindy Crawford turnt schon wieder öffentlich am Strand. Wer sagt's denn? Ich turne schon wieder öffentlich in der Güntzelstraße.

Nach Training und Sauna fühle ich mich innerlich aufgerichtet und äußerlich stark genug, um mit meinem Kind und zwei Kästen Bier zu jonglieren. Das Hochgefühl währt etwa so lange, bis ich dem Nachwuchs wieder begegne. Wie kann ein so kleiner Mensch schon so hämisch grinsen?

Die Untertanin

Früher lebte ich behördenfern. Alle paar Jahre ging ich zum Einwohnermeldeamt, um einen Umzug mitzuteilen oder meinen Personalausweis verlängern zu lassen, und das war's. Mangels Auto oder Läusen ließ ich mich weder im Kraftverkehrs- noch im Gesundheitsamt blicken. Selbst die Kontakte mit dem Finanzamt überließ ich der Steuerberaterin. Kurzum, ich wusste kaum, wo sich das für mich zuständige Rathaus befand, und meinem Gefühl nach ahnten auch die Behörden nichts von meiner Existenz.

Inzwischen bin ich im Rathaus Wilmersdorf Stammgast. Das fing schon in der Schwangerschaft an, als der Kindsvater und ich, unverheiratet, wie wir nun einmal sind, dort aufmarschierten, um Vaterschaftsanerkennung und gemeinsames Sorgerecht zu klären. Bei dieser Gelegenheit bemerkte ich an mir eine erste Anwandlung von Untertanengeist.

Zunächst einmal wurde ich beim Durchschreiten der langen, um einen runden Innenhof gebogenen Gänge einige Zentimeter kleiner. Das kann man noch auf die historische Belastung des Gebäudes zurückführen, beherbergte es doch zur Nazizeit eine Wehrmachtverwaltungsstelle des Oberkommandos des Heeres. Aber auch als wir endlich dem Sachbearbeiter gegenüber saßen, fühlte ich mich nicht wohl, nein, ich wartete förmlich darauf, aus seinem Munde Tadel und Ermahnungen bezüglich unseres Familienstandes zu hören. Sie blieben aus, der Herr war sehr nett. Trotzdem atmete ich auf, als wir wieder draußen waren.

Nach der Geburt des Kindes gingen die Ämterkontakte erst richtig los. Beim Standesamt holten wir allerhand Urkunden ab, die die Existenz des Kindes zweifelsfrei nachwiesen, Kindergeld beantragten wir beim Arbeitsamt, fürs Erziehungsgeld zuckelte ich samt Kinderwagen wiederum ins Rathaus zur Erziehungsgeldstelle und anschließend gleich weiter, einmal rum um den Innenhof zum Jugendamt, wo Tagesmütter vermittelt werden. Wieder erwartete ich, von Behördenvertretern zurechtgewiesen und zusammengestaucht zu werden, etwa dafür, dass ich das Kind mit sechs Monaten halbtags zur Tagesmutter bringen möchte. Als ich dieses Anliegen vortrug, bemerkte ich auch tatsächlich einen Anflug von Missbilligung auf dem Gesicht der Sachbearbeiterin. Oder war es nur meine untertänige Einbildung? Jedenfalls machte sie mir klar, dass ein Tagesmutterplatz auch bei nachgewiesener Berufstätigkeit keineswegs ein Recht, sondern vielmehr ein Glück, ein Zufall und eine Gnade der Behörde sei. Ich lächelte und war zuckersüß. Man muss sich gut stellen mit diesen Leuten.

In einem jedenfalls habe ich unsere Behörden zu schätzen gelernt: Sie sind durchweg behinderten- und damit auch kinderwagengerecht. Es kommt daher inzwischen sogar vor, dass ich mich freiwillig und ohne Not ins Rathaus begebe, einfach um dort Essen zu fassen. Es ist mir nämlich lästig, neben dem Stillen und Wickeln und Babykleidersortieren auch noch täglich eine Mittagsmahlzeit selbst zu fabrizieren. Oder ist es die Sehnsucht der Erziehungsurlauberin nach einer Kantine, nach diesem vertrauten Geruch von Alltäglichkeit, Arbeit, Klatsch, Beruf?

Das Essen selbst ist schwach. Aber die Räume sind freundlich eingerichtet, und an den lindgrünen Tischen sitzen außer den Verwaltungsangestellten auch Mütter wie ich, Rentner und der eine oder andere Stadtstreicher: eine schöne bunte Mischung von Untertanen.

Fördermaßnahmen

Inzwischen kann ich mich mit meinem Kind unterhalten. Es stimmt, tief schürfende Gespräche führen wir nicht. Aber wenn das Kind »da-da-da« sagt, antworte ich mit »da-da-da-da«, woraufhin das Kind »gu-gel-gu« zu bedenken gibt oder ganz einfach »babbä!« behauptet. Derartige Unterhaltungen kann man auch beim Kinderwagenschieben führen. So ziehe ich lallend, quietschend und juchzend meiner Wege, und aus dem Kinderwagen schallt es in doppelter Lautstärke zurück.

Würdevollere Zeitgenossen finden unser Verhalten womöglich albern. Erst kürzlich habe ich jedoch in einem schlauen Buch gelesen, dass sich Eltern für ihr Lallen keineswegs zu schämen brauchen, sondern dass sie damit im Gegenteil eine wichtige Fähigkeit unter Beweis stellen, nämlich die zur gezielten Regression. Wir benehmen uns ja nicht in allen Lebenslagen so, nein, wir lallen sozusagen für einen guten Zweck. Unser Quietschen und Grunzen dient der Förderung des Kindes, das sich dadurch zum Dialog ermuntert fühlt. Und wer wollte nicht sein Kind fördern?

Alle wollen wir es, und nicht nur auf so plump althergebrachte Weise. Daher gibt es Bücher, Spielsachen, Kurse zuhauf, die allesamt mit dem Argument verkauft werden, Kinder müssten, möglichst vom ersten Lebenstag an, permanent angeregt, trainiert, gefördert werden, damit sie sich optimal entwickeln und später einmal vor den Personalchefs bestehen können. Nie zuvor wurde die Menschheit in so zartem Alter so stark gefördert wie heute und hierzulande. Im Nachhinein erscheinen alle Berichte übertrieben, denen zufolge die Menschen auch früher schon laufen und sprechen konnten. Wie sollen sie das ohne spezielle Förderprogramme gelernt haben?

Da ich darum ringe, auch als Mutter noch einen Rest von gesundem Menschenverstand zu bewahren, stehe ich dem Förderwahn skeptisch gegenüber. Vor lauter Anregung weiß so ein Baby womöglich am Ende gar nicht mehr, wo ihm der Kopf steht, und lehnt in seinem späteren Leben sämtliche Weiterbildungsangebote ab. Aus diesem Grund habe ich auch lange gezweifelt, ob wir tatsächlich – neben dem Babyschwimmen und nach Ende des Babymassagekurses – auch noch einen PEKiP-Kurs machen sollten. PEKiP ist, wie ich gelernt habe, die Abkürzung für »Prager Eltern-Kind-Programm« und umfasst Bewegungsspiele für Babys, die ein tschechischer Psychologe erfunden hat.

Das Kind entpuppte sich aber bereits in der Probestunde als großer PEKiP-Fan. Ungefähr acht Babys strampeln dabei nackt in einem sehr warmen, mit Spielzeug behängten Raum, und die Mütter schwitzen. Von Zeit zu Zeit wird einem stellenweise noch wärmer, dann hat irgendein Kind seinem Harndrang nachgegeben.

Sohnemann jedenfalls liebt es, mit den Fingern in fremde Säuglingsgesichter zu patschen, auf einem Plastikball hin und her gerollt zu werden, sich in ein Plantschbecken voller Gummikugeln zu setzen oder ein blaues Gazetuch über sich auf- und niederschweben zu sehen. Vor allem liebt er die Lieder, die wir Mütter – gelegentlich ist auch ein Vater dabei – anstimmen. Das vom Kitzel-Kille-Monster zum Beispiel, bei dem die Kleinen an entscheidenden Stellen gekitzelt werden, bis sie ihr wunderbar dreckiges Babylachen hören lassen. Wer könnte diesem Strahlen widerstehen? Seitdem gehen wir also jeden Montag zum PEKiP. Ob das Kind dadurch gefördert wird, ist mir offen gestanden egal. Ich weiß nur eins: Regredieren macht Spaß. Da-da!

Teneriffa im Kiez

Machen wir uns nichts vor: Die Geburt eines Kindes verengt zeitweilig den Horizont. Früher waren meine Wohnung, mein Viertel für mich eine Art Absprungbrett für allerhand Aktivitäten in der ganzen Stadt. Heute kenne ich im Umfeld unseres Hauses jeden Strauch persönlich. Ich kenne die Nachbarn mit Kindern, ich kenne die Blumenfrau und die Kassiererinnen in der Drogerie, ich weiß, wann Trödelmärkte und Kirchenkonzerte stattfinden. Ist das schlimm?

Es stimmt, die große weite Welt ist ein wenig aus meinem Blickfeld geraten. Washington und Manila gucke ich mir im Fernsehen an. Seit der Geburt des Kindes haben wir es nicht einmal auf die Kanaren geschafft. Macht nichts! Dafür bin ich jetzt anerkannte Expertin für die Straßenzüge rund um den Olivaer Platz.

Mein Lieblingsposten, von dem aus ich mein Revier überwache, ist das »Carioca«. Fast den ganzen Tag lang scheint die Sonne auf die blaue Tischreihe vor dem Café, und sobald das Kind auf einem unserer Spaziergänge einschläft, eile ich dorthin, trinke meinen Milchkaffee und grüße die vorüberziehenden Bekannten.

Zwanzig Jahre lang gab es im »Carioca« eine besondere Attraktion, einen Papagei namens Luzie. Luzie war der deutschen Sprache mächtig und sagte gerne »Eierkopp, Eierkopp!« Dann wechselte der Besitzer des Lokals, und man stritt sich um das Tier, das nicht auf der Inventarliste aufgeführt war und doch irgendwie zum Inventar gehörte. Der Fall kam sogar vor Gericht. Heute lebt Luzie in der Kantine des Hauptstadtstudios in Mitte und ist dort sehr unglücklich. Davon ist man jedenfalls im »Carioca« überzeugt. Was hat der Vogel schon davon, dass er nun vom Duft der großen weiten Welt umweht wird? War es im Kiez nicht viel schöner?

Im »Carioca« treffe ich häufig auf Bella. Bella heißt eigentlich nicht so, aber die Kellnerinnen haben ihr diesen Namen gegeben, denn anders kann man die gepflegte rotblonde Erscheinung mit den hellen Hosen, dem sorgfältig geschminkten Gesicht und dem weithin hörbaren Lachen nicht bezeichnen. Ich sollte vielleicht hinzufügen: Bella ist neunzig. Mir hat sie das schon oft gesagt, aber anderen Leuten offenbar nicht, denn die halten sie, wie sie gern erzählt, mal für achtzig, mal für siebzig oder gar sechzig. »Immer lustig sein!« ist ihr Lieblingsspruch, und nichts regt sie mehr auf als alte Frauen, die sich kleiden wie alte Frauen: »Gucken Sie mal die an, die sieht ja aus wie 'ne Vogelscheuche!« Seit zwei Jahren hat sie's am Rücken und schiebt eine Gehhilfe vor sich her, ihren »Rolls Royce«. Aber sie ist sich sicher, dass sie ihn wieder los wird. »Ick übe! Es iss schon viel besser jeworden!«

Kinder kriegen, det war ihr nischt. »Ick wollte meine Freiheit!« Ich stimme dem immer begeistert zu. Ja, Freiheit! Große weite Welt! Dann erzählt sie, wie sie auf Teneriffa – lange ist das nicht her, in den Zeiten kurz vor dem Rolls Royce – mit schönen Männern in der Stranddisco hottete, und einer davon hielt sie für fünfzig! »Na klar«, sage ich. »Kein Wunder!« Im Geiste hotte ich mit. Erinnerungsselig hebt sie an, einen spanischen Schlager zu singen, da wacht das Kind auf. Schluss mit der Gemütlichkeit! Sie nimmt ihren Rolls Royce, ich meinen Kinderwagen, und so ziehen wir von dannen, Kiezpflanzen, die wir sind.

Quickstep

Übrigens: Das Kind verdankt seine Existenz einer Tanzschule. Ohne diese Tanzschule wären der Kindsvater und ich einander niemals begegnet, folglich gäbe es das Kind nicht, oder es gäbe ein anderes Kind. Bei einer Rumba entstand das Kind vor meinem inneren Auge, und bis zu seiner Geburt hat es unzählige Walzer und Cha-Chas mitgetanzt, mit dem Effekt, dass sich der Rücken des Kindsvaters immer mehr nach außen wölbte und schließlich S-förmig wurde. Inzwischen hat sich aber seine alte Statur wieder zurückgebildet. Und ich habe wieder Lust aufs Tanzen.

Unsere Tanzschule ist eher alternativ, das heißt Frauen fordern genauso auf wie Männer, jeder kleidet sich, wie er oder sie lustig ist, schwule und lesbische Paare sind selbstverständlich dabei. Sie hat ihr Domizil in einem wunderschönen ehemaligen Offizierskasino: ein riesiger Raum mit Parkett und himmelhohen Decken, in dem sich auch eine gestresste Mutter fühlen kann wie eine Debütantin auf dem Wiener Opernball, mit einem Wintergarten, von dem aus eine Freitreppe in den Garten hinausführt. Hier finden Bälle, Tanztees und öffentliche Tanzabende statt.

Sollte nicht der Besuch eines Tanzkurses geradezu Voraussetzung dafür sein, ein Kind in die Welt zu setzen? Hier und nur hier lernt man wahre Partnerschaft. In der Jugend hampelt man alleine vor sich hin, immer darauf bedacht, durch möglichst spektakuläre Verrenkungen die Aufmerksamkeit des anderen Geschlechts auf sich zu ziehen, falls man im Ego-Rausch überhaupt irgendetwas außerhalb seiner selbst wahrnimmt. Unreifes Gehabe! Der Standardtanz dagegen lehrt uns, zartfühlend auf jede Bewegung des anderen einzugehen, seine Wünsche zu

erspüren und seine Fehl-Tritte zu tolerieren. Man lernt neue Leute kennen, was der partnerschaftlichen Langeweile vorbeugt, und bereichert die Zweisamkeit um Begriffe und Figuren wie den »Wischer«, das »Trippel-Chassé« oder das »türkische Handtuch«.

Es sollen zwar auch schon Beziehungen darüber zerbrochen sein, weil der eine dem anderen seine Begriffsstutzigkeit nicht verzeihen konnte. Auch der Kindsvater und ich streiten uns gelegentlich. In diesen Fällen hilft jedoch der resolute Partnerwechsel. Der beweist mit großer Zuverlässigkeit, dass auch andere Menschen fehlbar sind, und erspart auf Dauer den Seitensprung.

Nun könnte man einwenden, dass das Kind zwar seine Existenz der Tanzschule verdanken mag, dass die Existenz eines Kindes dem Tanzen jedoch ein Ende setzt. Weit gefehlt! Das Kind kommt zu Tanzkurs und Tanztee selbstverständlich mit. Es sitzt in seiner Autoschale auf einem Tisch am Rande der Tanzfläche und betrachtet milde lächelnd unser Tun. Hin und wieder findet Sohnemann uns gar zu plump, dann jault er gequält auf. Oft jedoch schläft er auch einfach ein. Ein seliger Gesichtsausdruck überzieht dann seine Züge, und ich bin mir sicher, im Traum tanzt er, getragen von himmlischen Klängen, mit einer Babydame Quickstep.

Frontenwechsel

Heutzutage wird einem das Kinderkriegen richtig mies gemacht. Wie oft hat man mir vorhergesagt, ich würde, sobald ich ein Kind hätte, jahrelang nicht mehr durchschlafen können, keine Minute Zeit mehr für mich finden, ständig den Capricen eines tyrannischen Kleinstlebewesens unterworfen sein? Ein auflagenstarkes Magazin prophezeite mir im Mai – da war ich schon hochschwanger und konnte nichts mehr zurückdrehen – »Zoff in der Partnerschaft, Sex-Flaute und Baby-Blues«. Auch meine Freunde haben mich nicht gerade beruhigt. »Dein ganzes Leben wird sich verändern«, sagten sie, und noch immer höre ich die Schadenfreude in ihren Stimmen silbern klingeln, »du bist hinterher nicht mehr dieselbe Person.«

Daher erwartete ich die Ankunft des Kindes mit größter Sorge. Ich war darauf gefasst, eine ähnlich tiefgreifende Verwandlung zu durchleben wie Kafkas Gregor Samsa, der eines Morgens als schrumpliger Käfer aufwacht.

Nach vier Monaten stelle ich nun erfreut fest, dass ich mein Leben und meine Person noch teilweise wieder erkenne und immer öfter auch durchschlafen kann. Es hat sich keineswegs »alles« verändert und auch nicht nur zum Negativen, ja, gelegentlich empfehle ich das Kinderkriegen sogar weiter. Warum? Weil mich das Kind jeden Tag zum Lachen bringt. Weil es die Augen fesselt, bis sie schmerzen. Weil es, wenn ich ihm vorsinge, versucht mitzusingen und dabei die komischsten Laute produziert. Weil das Wort »Glück« einen neuen Klang bekommen hat: tiefer, runder, leuchtender.

Und nicht zuletzt: weil man dadurch klüger wird. Zum Beispiel lese ich Lebensgeschichten und Biographien mit ganz anderen Augen, seit ich selbst einmal den Beginn einer solchen

Geschichte miterlebt habe. Schreiben nicht die Großen aus Kunst und Kultur, wenn sie ihr Leben Revue passieren lassen, immer zuerst von ihrer Mutter? Früher habe ich mir diese fremden Mütter so vorgestellt wie meine eigene; ich sah sie aus der Perspektive des Kindes, ganz wie der Autor und egal, ob sie elegant und vornehm waren oder arm und arbeitsam. Nun habe ich die Fronten gewechselt. Ich versetze mich in die Mütter hinein und betrachte den Autor frech und mindestens über dreißig Seiten hin wie ein Kleinkind. Dann male ich mir aus, wie mein eigenes Kind mich wohl eines Tages beschreiben wird, und sonne mich in dem romantisch verklärenden Ton, den ja die meisten Menschen anschlagen, wenn sie über ihre frühesten Erinnerungen an ihre Mutter berichten. Bin ich nicht eine Art Engel, sanft und doch streng, gütig und liebevoll? Von überirdischer Schönheit und Anmut? Irgendwann wird es ihm so erscheinen, spätestens wenn er siebzig ist.

Mit meiner neugewonnenen mütterlichen Weisheit streife ich daher gerne durch die Buchläden und besonders durch die Abteilung mit den Biographien und Memoiren. Dort drängeln sich die Lebenszeugnisse von Literaten, Künstlerinnen, Filmschauspielern, Wissenschaftlern, Sängerinnen und Gaunern, von Hannah Arendt über Hildegard Knef, Victor Klemperer, Thomas Mann bis hin zu Ludwig Wittgenstein und Clara Zetkin: ein Triumph der Ich-Form auf tausenden von Seiten, Rückblicke im raunenden Imperfekt, Selbstbezichtigungen und Apologien – ein Schatz von Lebenserfahrungen, den ich stundenlang durchstöbern könnte.

Könnte, wohlgemerkt. Denn das reale Kind im Kinderwagen, sonst eher von der friedlichen Sorte, hat es sich zum Prinzip gemacht, immer zu brüllen, sobald ich einen Laden betrete. Auf diese Weise spare ich viel Geld. Das letzte Mal musste ich die Buchhandlung Hals über Kopf verlassen. Da hat der sanfte Engel ganz schön geflucht.

Baby-Kaufparadies

Vor der Geburt des Kindes konnten wir uns nicht für einen Kinderwagen entscheiden, weil jedes Modell seine Vor- und Nachteile hat und einige bis zu tausend Mark kosten. Wir haben dann, als die Zeit wirklich drängte, kurzentschlossen einen gebrauchten von einer Freundin genommen, der noch ganz gut in Schuss war. Aufgrund der Behandlung, die es durch meine zarten Mutterhände immer wieder erfährt, ist das Gefährt jedoch inzwischen so weit heruntergekommen, dass die Räder abzufallen drohen. Das Kind könnte in den Rinnstein rutschen! Also ab zu Baby-Walz.

Baby-Walz ist allen Eltern und auch Großeltern wohlbekannt, weil das Unternehmen den umfangreichsten Versandkatalog Europas für Babyartikel herausgibt, und das seit fünf Jahrzehnten. Ich persönlich kann mich zwar nicht mit dem Slogan »Alles Gute für Mutti und Kind« anfreunden, der sich offenbar aus den fünfziger Jahren herübergerettet hat. Nur weil man ein Kind geboren hat, läuft man ja noch nicht in der Verkleinerungsform durch die Welt. Außerdem gibt es auch noch Väter oder von mir aus Pappis. Aber an dem Baby-Walz-Geschäft bei mir um die Ecke lässt sich nichts aussetzen.

Es ist geräumig, gut sortiert, die Verkäuferinnen beraten freundlich und kompetent, und man findet vom Schnuller bis zum Autositz, von der Rassel bis zum Kinderbett alles Nötige und Unnötige, was sich die Babyindustrie so für uns Eltern ausgedacht hat. Dennoch geraten die Besuche bei Baby-Walz für den Kindsvater und mich regelmäßig zur Prüfung.

Liegt es an der Brutkastenhitze, die allenfalls dem Gedeihen der vielen ungeborenen Kinder in dem Laden förderlich ist? Liegt es am Samstagvormittag, an dem offenbar alle werdenden oder frisch gebackenen Elternpaare Berlins sich hier ein Stelldichein geben, um Spieluhren auszutesten, Matratzen zu befummeln, ihre Kleinen in verschiedene Autoschalen zu werfen und an Hochstühlen zu rütteln? Oder daran, dass wir einfach nicht zueinander passen?

Tatsache ist, dass sich der Kindsvater auf ein einziges Kriterium geradezu neurotisch fixiert hat – wie gut lässt sich der Kinderwagen zusammenklappen? –, während ich ganzheitlich denke. Als treu sorgende Mutter achte ich nämlich auch darauf, ob das Kind darin bequem sitzt und, vor allem, ob mir das Design gefällt. Die Verkäuferinnen bringen dann noch weitere Kriterien ins Spiel, etwa die Höhe des Schiebers oder die Größe der Räder. Außerdem gilt es, eine grundsätzliche Haltung zu den neuen windschnittigen Modellen zu entwickeln, den schicken dreirädrigen mit Handbremse, deren Käufer angeblich alle mit Kind joggen. Ach je!

Und, haben wir jetzt einen neuen Kinderwagen? Nichts da. Nach Stunden des Abwägens haben wir den Laden total überhitzt und zerstritten verlassen. Seitdem erholen wir uns von dem Kreislaufschock und arbeiten an unserer Beziehung. Ich glaube, der alte Kinderwagen tut's noch eine Weile.

Die Stadtbücherei

Eines der Kennzeichen des Elternlebens ist, dass sich eine wichtige Lebensfrage nicht mehr stellt: »Was machen wir heute Abend?« Heute Abend bleiben wir nämlich zu Hause, morgen auch und übermorgen geht allenfalls einer von uns aus. Unsere Teilnahme am Kulturleben beschränkt sich darauf, allabendlich einer One-Baby-Show beizuwohnen. Als Neuling in der Elternbranche muss man sich an diese Häuslichkeit erst einmal gewöhnen. Aber dann entdeckt man ihre Vorteile.

Jahrelang habe ich einen Bogen um die Stadtbüchereien gemacht, weil ich entweder keine Zeit zum Lesen hatte, Bücher lieber selbst kaufte oder aber glaubte, eher in Fachbibliotheken fündig zu werden. Das war, wie ich jetzt erkenne, ein Fehler. Denn während die Fachbibliothek nur das professionelle Ich anspricht und der Buchladen unweigerlich Geld verschlingt, nimmt uns die Stadtbücherei auf quasi-mütterliche Weise als ganze Menschen ernst, mit all unseren Sorgen und Nöten, und gibt zudem ihre Bücher beinahe kostenlos her.

Der Zugang ist ebenerdig, Kinderwagen sind hier willkommen und normal, die Bibliothekarinnen passen auch gern mal drauf auf. Die ganze Institution ist ein Mikrokosmos, in dem man von der Anleitung, Fahrräder zu reparieren, bis zur Hörcassette der ›Buddenbrooks‹, vom Polnisch-Sprachkurs bis zur Marlene-Dietrich-Biographie wirklich alles finden kann. Romane sind hier praktischerweise mit kleinen farbigen Etiketten versehen, die den Inhalt in genialer Kürze zusammenfassen (»Arzt. Spannung«, »Frau. Exotik« oder auch, rätselhaft: »Umwelt. Psychologie«).

Und erst die Ratgeber! Im Computer erziele ich unter dem Stichwort »Baby« gleich 71 Treffer, meist Variationen zum

Thema »Weinende Babys – ratlose Eltern« (M 330 Ried). Das Stichwort »Mutter« – 158 Treffer! – bietet sogar eine noch reichere Auswahl. Da finden sich herzerwärmende Titel: ›Die große Mutter: der Archetyp des Weiblichen‹ oder ›Ohne Mutter geht es nicht‹, aber auch rufschädigende Elaborate wie ›Lass mich endlich los, Mutter‹ oder ›Meine Mutter macht mich ganz verrückt‹. ›Vom unwiderstehlichen Drang, Mutter zu werden‹ spricht ein Buch oder von der ›Kunst, (k)eine perfekte Mutter zu sein‹, eine Kunst, die ich freilich auch ohne Lektüre beherrsche.

Im Leben jeder Erziehungsurlauberin gibt es ja Momente, in denen sie das Berufsleben vermisst. Für diese traurigen Stunden habe ich mir die Titel ›Krieg im Büro‹, ›Die Frau im Stress‹ oder ›Wenn der Arbeitsalltag zum Alptraum wird‹ ausgeliehen. Sie ersticken jegliche Sehnsucht im Keim.

Ich behaupte nicht, dass ich all diese Bücher tatsächlich lese. Es macht mir einfach Freude, sie einzupacken und unter dem Kinderwagen nach Hause zu transportieren, um dann, im Anschluss an die One-Baby-Show, zu wissen, was ich alles lesen könnte, wenn ich nicht müde wäre.

Übrigens vermisse ich unter der Masse von Büchern Titel wie ›Ausgehen – gefährliche Leidenschaft‹ oder ›Warum es zu Hause doch am schönsten ist‹. Ich würde sie verschlingen.

Pädagogisch wertvoll

Das Kind ist mittlerweile fünf Monate auf der Welt und hat in dieser Zeit schon allerhand gelernt. Es kann jetzt durchschlafen, Brei essen, seine Füße in den Mund stecken, Brillen von Köpfen reißen sowie Teller vom Tisch fegen. Was es noch nicht kann, ist laufen, rechnen und Weihnachtswünsche äußern. Deswegen bekommt es auch nur ganz praktische Dinge zu Weihnachten, einen Babyhochstuhl zum Beispiel. Spielzeug jedenfalls bekommt es nicht, denn ein bisschen was hat es schon, und den Rest der Haushaltsgegenstände betrachtet es ebenfalls als solches.

Mit dem Spielzeug ist es ja so eine Sache. Kürzlich sprach ich darüber mit einer Fachfrau, die für ihre Kurse in Säuglingsturnen eine ganze Wäschetruhe voller Rasseln und Figürchen hat. »Die Eltern stehen auf Holzspielzeug«, erzählte die, »aber die Kinder suchen sich immer die billigen Plastiksachen raus.« Warum dann das Holzspielzeug so verbreitet sei? Die Antwort klang irgendwie abschätzig: »Die Eltern kaufen das Spielzeug halt für sich selber.«

Ich finde, Eltern sollten ruhig dazu stehen, dass sie Spielzeug in erster Linie für sich selbst kaufen. Erstens sollen sich unsere Wohnungen nicht in Ramschbuden verwandeln, nur weil die Kinder gerne Plastikenten in allen Räumen verteilen. Außerdem können Kinder auch mit Tischdecken oder Computerkabeln viel Freude haben, wir dagegen brauchen aufgrund unserer verkümmerten Fantasie Anleitung und Anregung durch pädagogisch wertvolles Spielzeug.

Wenn ich also in diesen vorweihnachtlichen Tagen den Holzspielzeugladen bei mir um die Ecke besuche, so hat das nichts mit dem Kind zu tun; ich nehme es nur zur Tarnung mit. Nein, mich treibt eine Spiellust, die ich in all den erwachsenen, kinderlosen Jahren ganz vergessen hatte. Schon die riesigen, reich ausstaffierten Marionetten im Schaufenster ziehen mich magisch in den Laden hinein. Drinnen verfängt sich der Blick überall: oben, wo Mobiles aus Fischfamilien, Papageien und Schmetterlingen tanzen, unten, wo Schaukelpferde und Dreiräder auf ihren Einsatz warten, oder in den Regalen, in denen sich Löwen, Handpuppen, Elefanten, Puppenhäuser und Autos tummeln.

Billig sind die Sachen nicht, das ist klar. Preis-Spitzenreiter ist eine große Arche mit Tierpärchen, alle aus europäischen Hölzern, für 2500 Mark. Wer kauft so was? Niemand. Die Arche steht schon seit elf Jahren – seit Eröffnung des Ladens – im Regal, verrät der Mitarbeiter, der gar nicht weiß, ob er sie noch hergeben würde. Sei's drum: Als Dekoration ist sie schön, und man kann ja statt ihrer ein Karussell, eine Oase mit Palmen und Rundhütte oder eine Kasperle-Figur kaufen.

Im Trend liegen dieses Jahr angeblich Kaufläden, mit denen sich die Kinder auf die Marktwirtschaft vorbereiten, gefüllt mit bergeweise Holzbananen, -karotten und -eiern. Ich persönlich mag lieber Piraten und Indianer, vor allem wenn sie in mittelalterlichen Burgen mit Zugbrücke und Schöpfbrunnen herumspringen. Auf die historische Genauigkeit kommt es ja nicht an. Meine Lieblingsburg werde ich mir zu Weihnachten wünschen. Das Kind kann sich derweil mit unserem Porzellan und dem einen oder anderen Plastikring vergnügen. Wer weiß? Wenn es größer ist, lasse ich es vielleicht mal mitspielen.

Ich bin ein Archetyp

Irgendwo hat doch jeder Mensch das Bedürfnis, sich und sein Leben in Bildern widergespiegelt zu sehen. Manche schneiden sich einen Finger ab, nur um in einer Talkshow darüber berichten zu dürfen, andere laufen Amok oder werden Bundeskanzler. Ich bin da bescheidener. Ich gehe ins Museum und gucke, ob ich meine Lebenssituation zufällig in einem der ausgestellten Bilder wiederfinden kann. Noch nimmt das Kind derartige Kulturausflüge mit Gelassenheit hin, darum habe ich es kürzlich durch die Gemäldegalerie geschoben. Und dort erlebte ich eine wundersame Verwandlung.

Früher habe ich das Haus am Matthäikirchplatz zwar auch gerne besucht, doch bei allem Glück über das wunderschöne Gebäude und seine Schätze blieb ein Wermutstropfen: Ich konnte mich in den Bildern einfach nicht erkennen. Die berufstätige Frau ist den alten Meistern nämlich keinen Pinselstrich wert gewesen, die Farbe reichte gerade mal für eine Amme, eine Kammerzofe oder eine indische Dienerin. Ansonsten gaben sie sich lieber mit ätherischen »jungen Damen mit Perlenhalsband« ab, die sich sichtlich mehr für den Heirats- als für den Arbeitsmarkt interessieren, oder sie malten gegen Bezahlung die »Frau eines Gelehrten« oder die »Herzogin von Monterrey«. Mit wem sollte ich mich da identifizieren? Mit der heiligen Barbara?

Zunehmend frustriert schlich ich durch die Säle und fragte mich: Wo sind die Lehrerinnen, Sekretärinnen, Geschäftsfrauen, Wissenschaftlerinnen oder ihre Vorläuferinnen? Wo die weiblichen Pendants zum »Kosmographen Sebastian Münzer« oder zum »Kaufmann Georg Gisze«? Sollen wir arbeitende Frauen etwa allesamt unsere Geschichte auf die »Marktfrau am

Gemüsestand« von Pieter Aertsen zurückführen? Auch mein eigener Berufsstand hat die Maler offenkundig nicht inspiriert, es sei denn, man wollte die rotnasigen Klatschweiber der holländischen Genremalerei zu Vorfahrinnen moderner Journalistinnen erklären. Kurzum, ich fühlte mich ausgegrenzt aus der abendländischen Kulturgeschichte, traditionslos, wertlos, nichtig.

Seitdem ich jedoch meine staatsbürgerliche Pflicht getan und einen Sohn geboren habe, wird der Museumsbesuch zu einem Bad fürs Ego. Ich wandele durch die Hallen und sehe mein Abbild überall. Bis zum letzten I-Tüpfelchen – genauer: Speckröllchen – finde ich meine tägliche Lebenssituation abgemalt, ja, erfreut stelle ich fest: Ich bin ein Archetyp.

Mal sehe ich mich als Mutter Gottes, mal als Venus mit Amor, mal ganz einfach nur als »die Mutter«. In der Gemäldegalerie tummeln sich mehr Säuglinge als auf einer Geburtsstation; jedes dritte Bild zeigt eine Frau, die ihr wohlgenährtes männliches Kind dem Betrachter entgegenhält. (Die Mütter von Töchtern können hier nicht mitreden, sie sind und bleiben, genau wie die berufstätige Frau, kunsthistorische Nullnummern. Kein Maler kann sich für sie erwärmen.)

Zugegeben, meine äußere Ähnlichkeit mit den genannten Damen ist gering, aber das Kind könnte glatt als Klein-Jesus oder Amor durchgehen. Hat überhaupt schon einmal eine Doktorandin der Kunstgeschichte die Parallelen zwischen den beiden Dickerchen und ihren Müttern untersucht? Meine Hypothese lautet: Die Unbefleckte und die Sinnliche sind sich ähnlicher, als man denkt. Falls ich Unrecht haben sollte, was macht's? Auch Archetypen können irren.

Gelobt sei die Tagesmutter

Aufgrund langjähriger Berufstätigkeit bin ich charakterlich derart deformiert, dass mir nach einer gewissen Zeit der Abstinenz die Arbeit zu fehlen beginnt. Dauert die Abstinenz gar zu lange, werde ich unleidlich, ja garstig. Um das Kind vor mir selbst zu schützen, bringe ich es daher neuerdings vormittags zu einer Tagesmutter. Um neun Uhr liefere ich es ab, um vierzehn Uhr hole ich es. Auf diese Weise gelingt es mir immer wieder, das Kind über meinen wahren Charakter zu täuschen. Es glaubt, ich wäre ein friedlicher, gutartiger Mensch. In Wirklichkeit verdanke ich jede Unze meiner Gutartigkeit Frau Reinhardt.

Frau Reinhardt ist ein ausgebuffter Profi in Sachen Kinderbetreuung. Wer wie sie zwei eigene, bereits schulpflichtige Kinder großzieht, dazu jeden Vormittag drei kleine Fremdlinge um sich herum wuseln lässt und außerdem von Beruf Kinderkrankenschwester ist, den kann so schnell nichts umhauen. Knien wir Eltern voll Bewunderung vor unserem Kleinen, der sich neuerdings vom Rücken auf den Bauch drehen kann, so sagt uns Frau Reinhardt nüchtern voraus, welcher Entwicklungsschritt in zwei Wochen zu erwarten ist. Waren wir bisher in unseren Fütterungsgewohnheiten chaotisch und undiszipliniert, so kommt jetzt System in den Tag: Das Kind isst zu festen Zeiten genau die Breie, die die Deutsche Gesellschaft für Ernährung empfiehlt. Frau Reinhardt kann erklären, warum das für die Entwicklung des Verdauungssystems wichtig ist. Sie weiß auch, ob das Kind Zähne kriegt oder nur aus Jux und Dollerei vor sich hinsabbert. Ich erzähle das alles dem Kindsvater weiter, der dann ehrfürchtig nickt.

Söhnchen hat am Anfang gebrüllt, als ich ihn alleine zurückließ. Inzwischen hat er aber entdeckt, dass es bei Frau Reinhardt und ihren Kleinen viel interessanter ist als zu Hause. Kann ich etwa mit einer Zweijährigen konkurrieren, die an ihm herumzupft und dann aus dem Raum stürmt, bis das zurückbleibende Baby vor lauter Ärger anfängt zu robben? Ich hopse auch nicht knapp oberhalb seiner Augenhöhe um ihn herum und patsche dabei meine Hände zusammen. Seien wir ehrlich: Ich bin sturzlangweilig.

Natürlich haben wir großes Glück gehabt, dass wir Frau Reinhardt gefunden haben, und das auch noch zum gewünschten Termin. Eigentlich sind die Behörden nämlich der Auffassung, dass in Berlin alle Kinder gleichzeitig geboren werden. Das heißt: Die staatlich bezuschussten Plätze für Tagesmütter werden nur zum August vergeben. Wer sich darauf kapriziert, ausgerechnet im Juli ein Kind zur Welt zu bringen, muss theoretisch über ein Jahr lang warten, um sich mal wieder ein paar Stunden am Stück auf die Arbeit konzentrieren zu können. Es sei denn, man fragt wöchentlich beim Jugendamt an, ob zufälligerweise ein Platz frei geworden ist. Kurz vor Weihnachten, als ich die Hoffnung schon fast aufgegeben hatte und ziemlich unausstehlich geworden war, erhielt ich die frohe Botschaft. Seitdem glauben das Kind und ich fest an die göttliche Fügung.

Das Kleinkindabteil

Auf meine erste Zugfahrt mit Baby habe ich mich richtig gefreut. Eine Freundin hatte mir erzählt, das sei alles gar kein Problem, du gehst ins Kleinkindabteil, da ist ein Wickelplatz und eine Spielecke und auch Platz für den zusammengeklappten Kinderwagen, das Kind verfällt durch das Brummen des Zuges in Trance, und du kannst lesen. Ah, dachte ich. Wie schön!

Eine kleine Ernüchterung folgte schon im Reisebüro. Die eine Angestellte hatte von Kleinkindabteilen noch nie etwas gehört, und die zweite behauptete, diese dienten lediglich dazu, die anderen Reisenden vor Kleinkindern zu schützen. Ich buchte trotzdem und betrat im IC nach Nürnberg das erste Kleinkindabteil meines Lebens. Es sah genauso aus wie jedes andere IC-Abteil älteren Datums, nur mit dem Unterschied, dass es keine Vorhänge hatte – vermutlich um der mitreisenden Öffentlichkeit einen unverstellten Blick aufs Stillen und Wickeln zu ermöglichen. Der Kinderwagen hatte nur auf dem Gang Platz, so dass eine ganze Kolonne Reisender mit säuerlichen Gesichtern darüber hinwegklettern musste. Ich hielt derweil charmant ihre Koffer fest. Irgendwann kam ein Schaffner und verstaute das Ding zwischen zwei fernen Waggons, wo ich es in Nürnberg wider Erwarten wiederfand.

Nun will ich aber nicht ungerecht sein: Bahnfahren mit Kind ist nämlich erstaunlich billig. Mit einer einzigen Familienbahncard für siebzig Mark können Eltern und ein Kind (jedes weitere kostet zehn Mark extra) ein Jahr lang zum halben Preis fahren, Familiensparpreise machen die Reise noch günstiger. Nachteil für die Eltern: Die Familienbahncard gilt nur, wenn das Kind tatsächlich dabei ist. Das aber ist aus den erwähnten

Gründen lästig. Für meine nächste selbstständige Bahnfahrt habe ich mir daher eine Attrappe besorgt.

Meine Freundin hat mich hinterher übrigens ausgelacht und gesagt, sie habe natürlich vom ICE, nicht vom IC gesprochen. Ich bin aber seitdem in mehreren ICEs gefahren und habe auch dort nur ganz gewöhnliche Abteile vorgefunden. Einen Wickelplatz gibt es im ICE tatsächlich, auf der Behindertentoilette. Aber Platz für Kinderwagen ist auch hier nur zwischen den Waggons, so dass man bei jedem Stopp den Ärger der aus- und einsteigenden Mitreisenden auf sich zieht. Überhaupt hält der ICE an den Bahnhöfen nur so kurz, dass man mit Kind und Kinderwagen kaum rein- und rauskommt. Nie ist ein Kindsvater so wertvoll wie bei diesen Gelegenheiten. Aber was, wenn er mal zu Hause bleiben will?

Eine andere Freundin, die ebenfalls lebenstüchtiger ist als ich, hat auch dieses Problem gelöst: Sie ruft vor ihren Fahrten bei der Bahnhofsmission an, die dann einen Helfer schickt. Ich bin daher überzeugt, dass das Bahnfahren mit Kind gar kein Problem ist. Bestimmt fährt auch irgendwo ein Zug durch diese Republik, in dem es Spielecken gibt, Wickelplätze im Abteil, reichlich Abstellraum für Kinderwagen, ein Zug, in dem Eltern und Kinder lachen und scherzen und lustig sind. Nur ich werde ihn niemals finden.

Mütterlicher Reichtum

Natürlich fragt man sich manchmal, welchen Charakter so ein Baby wohl entwickeln wird. Manche Leute behaupten ja, ihr Kind sei von Anfang an eine kleine Persönlichkeit gewesen. Mein Kind war in seinen ersten Lebenstagen überhaupt keine Persönlichkeit. Es lag nur rum. Mittlerweile jedoch treten zwei Charakterzüge deutlich zutage.

Zunächst einmal ist das Kind von einem ausgeprägten Frohsinn. Es strahlt noch die misslaunigsten Zeitgenossen derart ausdauernd an, bis ein Lächeln ihre gequälten Züge aufbricht. Besonders freut sich der Kleine jedoch, wenn ich mich stoße, verletze oder in Tränen ausbreche. Darüber könnte er sich schier ausschütten vor Lachen. Söhnchen ist nämlich, zweitens, ein kleiner Sadist. Einmal festgekrallte Haare oder Gesichtsfleisch werden erst losgelassen, wenn Blut fließt; und könnte man fremde Nasen mit einem entschlossenen Griff vom Gesicht ablösen, hätte der Kleine schon eine ganze Kollektion zusammen. Dies ist, in wenigen Worten, seine Persönlichkeit.

Fazit der Analyse: Ich glaube nicht, dass dieses Kind mich im Alter unterstützen wird. Es wird den ganzen Tag feiern, seine Mitmenschen piesacken und sich einen Dreck um seine betagte Mutter scheren, die derweil mit dem Bettelstab auf dem Kudamm sitzt. Es muss also etwas geschehen, finanziell.

Bisher gehörte ich zu den Dummen im Lande, deren paar Mark auf schlecht verzinsten Sparbüchern vor sich hingammeln. Nun aber habe ich eingesehen, dass auch ich mit Aktien reich werden muss, falls ich nicht im Alter auf mein leichtlebiges Kind oder gar auf die gesetzliche Rentenversicherung angewiesen sein will. Ermutigt fühle ich mich durch eine amerikanische Studie, der zufolge ein Affe, der seine Aktienauswahl

mit Dart-Pfeilen betrieb, bessere Renditen erzielte als alteinge-
sessene Börsengurus. Dieser Affe ist mein Vorbild.

Im Unterschied zu ihm kann ich aber nicht grunzend und
mit Dart-Pfeilen im Gepäck zur Bank gehen. Grundkenntnisse
des Finanzmarkts sind leider erforderlich. Um mich nicht vor
einem Mann zu blamieren, habe ich sie mir bei einer Frauen-
finanzberatung geholt, deren Büro von außen einen einladen-
den Eindruck auf mich machte: gelbe Tapeten, helle Möbel,
gerahmte Fotos von Orchideen an den Wänden und ein luft-
befeuchtender Zierbrunnen neben dem Computer, eben so,
wie man es als Frau gerne hat.

Anderthalb Stunden habe ich mit der Beraterin auf der
blauen Eck-Couch gesessen und besprochen, welche Versicherungen ich brauche, welche Aktienfonds gut laufen und wie ich
es schaffen kann, mit neunzig in Saus und Braus zu leben. Auch
das Kind, dieser Hallodri, muss ja abgesichert werden. Ernst
des Lebens, du holst uns ein! Muttersein, das heißt Verantwor-
tung. Es heißt: rechnen!

Meine stille Hoffnung, ich könnte schon allein durch die
Beratung reich werden, hat sich nicht erfüllt. Im Gegenteil war
ich danach um sechzig Mark ärmer. Rechnen kann ich auch
nicht besser, aber ein paar erste Schneisen habe ich durch den
Finanzdschungel geschlagen. Und manchmal entdecke ich
beim Blick in den Spiegel an mir bereits eine erfreuliche Ähnlichkeit mit einem Affen.

Überall Babys

Vielleicht liegt es an meiner eingeschränkten Wahrnehmung. Das Phänomen ist ja bekannt: Jemand erzählt Ihnen zum Beispiel von einem Sänger, von dem Sie nie zuvor etwas gehört haben, einem völligen Outsider, wie Sie glauben, einer Nischenexistenz, einer Null; am nächsten Tag sehen Sie den Namen des Mannes überall. Genauso geht es mir, seit ich ein Kind habe. Ich sehe überall Babys.

Mit den echten Säuglingen, denen in Kinderwagen und auf Krabbeldecken, komme ich noch klar. Was mich bedrückt und nachgerade verfolgt, sind die medialen Babys, die in Hochglanzbroschüren, auf Werbeplakaten und in Reklamefilmen ihr nacktes Dasein fristen. Mit kleinen Wonneproppen wird nämlich nicht nur für Hipp und Alete geworben, sondern auch und vor allem für Versicherungen, Bankprodukte, Telekommunikationsfirmen und Energieunternehmen.

Ein paar Beispiele: Mannesmann hat sich mit Babyfotos gegen die Übernahme durch Vodafone gewehrt, und junge Unternehmen, die an die Börse gehen, bilden sich mit Vorliebe als hoffnungsfrohe Neugeborene ab, denn deren Wachstumskurve übertrifft die jeder Aktie. Für die Deutsche Bank Private Banking soll ein schlafendes Baby die »vertrauensvolle Verbindung« des Anlegers zu seiner Bank symbolisieren, die Ruhrgas wirbt mit einem Vater, der gleich drei Babys im Arm hält, und die ›Bild‹-Zeitung richtet gar ihren sprachlichen Stil am Säugling aus (»Wer etwas Wichtiges zu sagen hat, macht keine langen Sätze«, verkündet das Werbeplakat. Dafür lange Schreie!).

Ist das nun ein neuer Trend in der Werbung oder habe ich Babys auf den Augen? Üben Säuglinge einen unwiderstehlichen Reiz genau auf jene Branchen aus, die nicht gerade für

unschuldiges Geschäftsgebaren bekannt sind? Oder haben die Werbetreibenden plötzlich alle Kinder bekommen?

Es gibt auch die edle Variante des medialen Babys. Die ist hundertfach in den Bildbänden von Anne Geddes zu bewundern. Die australische Fotografin gibt sich, soweit ich weiß, ausschließlich mit Babys ab. Sie steckt sie in Blumentöpfe und Wassermelonen, verkleidet sie als Seerosen, Schmetterlinge oder Mohrrüben, steckt ihnen Flügelchen an die Arme und Federn an den kahlen Kopf. Ihre Babys gucken aus Gießkannen und Blütenkelchen heraus, sie liegen auf Orchideenstengeln, und das zu dritt, sie tragen kleine Pelzchen und Schwänzchen und Fühlerchen und Ohrenschützerchen. ›Gedanken der Liebe‹ heißt so ein Band. Wie hübsch!

Ich kann diese vielen Babys nicht leiden. Sie gehen mir auf die Nerven, ich kriege davon Verfolgungswahn. Vielleicht habe ich mein eigenes Kind zu oft vor Augen, um mich an Babyfotos erfreuen zu können. Aber mal ganz grundgesetzlich gesprochen: Eine Darstellung als Aktie oder als Mohrrübe verstößt gegen die Würde des Babys. Kann man nicht stattdessen junge Hunde nehmen? Oder kleine Nashörner? Die Nashorn-Muttis hätten vermutlich nichts dagegen.

Der Märchenonkel

Als ich noch kinderlos durch die Lande strich, habe ich mich manchmal gefragt, wieso in den Parks an sonnigen Tagen Luftballons in den Bäumen hängen. Unter den Luftballons war es meistens sehr laut. Heute weiß ich: Es handelt sich um Kindergeburtstage. Großstadteltern, die keinen Garten haben und Sorge um ihr Mobiliar, ziehen mit ihren Kleinen in die öffentlichen Grünanlagen und klettern dort auf die Bäume, um mit Hilfe der Luftballons die Gäste anzulocken. Mit unserem Kind haben wir mangels Lebensalter noch keinen Geburtstag feiern können, aber inzwischen werde ich, durch die Mutterschaft quasi geadelt, hin und wieder zu anderen Kindergeburtstagen eingeladen. Daher kenne ich mich jetzt aus.

Beim letzten Kindergeburtstag vermasselte uns ein Wolkenbruch das Vergnügen. Wir mussten in einen nahe gelegenen Unterstand flüchten, und dort standen wir, tropfend und bibbernd, in unseren Herzen die Sehnsucht nach einem Einfamilienhaus im Speckgürtel mit eigenem Garten und Rückzugsräumen. Das Kind auf meinem Arm war auch ganz enttäuscht.

Dann aber ereignete sich eines jener Wunder, wie sie nur in der Großstadt vorkommen. Zu uns in den Unterstand kamen, ebenfalls tropfend, zwei freundliche Stadtstreicher und ein Phänomen. Das Phänomen hatte einen kurzen roten Rock an, darüber einen gewaltigen Bauch mit offenem Hemd, darunter knackig braungebrannte Beine und Cowboystiefel. Mitte fünfzig war es wohl und schon etwas kahl. Es machte sich an seinem Fahrrad zu schaffen, das es mit drei Handgriffen in einen Stuhl, einen Tisch und eine Sitzbank verwandelte. Dann setzte es sich breitbeinig hin, brühte auf einem Gaskocher Kaffee auf und dröhnte los.

Erst haben wir uns gar nicht rangetraut, aus religiöser Ehrfurcht sozusagen. Gibt es das nicht manchmal in der griechischen Mythologie, dass sich ein Gott verkleidet unters Volk mischt und Reden schwingt? Aber irgendwann standen alle Kleinen in einer Traube um ihn herum und hingen an seinen Lippen. Auch das Kind wollte unbedingt hören, was Manne oder Paule oder Fritze – seinen Namen weiß ich nicht, aber so heißen alle Berliner Originale – zu erzählen hatte.

Dass er mit seinem Tisch-Klappstuhl-Sitzbank-Fahrrad völlig autark ist, dass er damit bis zum Ural geradelt ist, ja sogar einen Fahrrad-Helikopter hat er gebastelt, mit dem er in Brandenburg fliegen darf (»In Berlin hab ick keene Flugerlaubnis bekommen, da könnt ick ja uffm Kudamm landen und die Autofahrer erschrecken«). Mit Rudi Dutschke hat er demonstriert, Feinde hält er mit einer Laserpistole in Schach, die auf zehn Meter Entfernung die inneren Organe verbrennt: »Iss ja 'ne Schande, dass man so was heutzutage braucht.« Das Baby war wohlig entsetzt, und wir anderen vergaßen den Regen, die Einfamilienhäuser und den Speckgürtel.

Irgendwann habe ich mir etwas zum Essen geholt. Als ich zurückkam, war Mannepaulefritze weg. Die Kinder haben mir glaubhaft versichert, er sei in den Himmel aufgefahren, das Fahrrad unterm Arm und den Kaffeebecher auf dem Kopf, laut jodelnd.

Baby-Trödel

In meiner Straße lebt ein Mann, vor dem ich mich fürchte. Er trägt ausschließlich schwarzes Leder, wuchtige Stiefel und donnert mit seinem Motorrad über den Asphalt, dass den Hunden das Trommelfell platzt. Seine Haare sind lang und wirr, sein Gang ist schwer, sein Blick eine ständige Drohung. Spät abends sehe ich ihn durch die Fenster der Eckkneipe, wie er mit Freunden Hochprozentiges in sich hineinschüttet. Zwischendurch schüttelt er die Faust in der Luft, so wie es die Gorillas tun. Dann läuft mir ein eisgekühlter Doppelkorn über den Rücken.

Diesen wilden und gefährlich aussehenden Mann traf ich neulich beim Baby-Trödel. Er hatte mit seiner Gattin einen Stand dort und verkaufte Strampler und Nuckelflaschen, das Töchterlein auf den Schultern. Es war ein rührender Anblick. Ich bin sofort in mich gegangen und habe meine Vorurteile überprüft. Was habe ich gegen Gorillas? Wieso habe ich dem Mann kein Kind zugetraut? Und warum halte ich, halten wir alle Menschen mit Kindern für harmlos? Der Ledermann hat, davon bin ich jetzt überzeugt, ein gutes, sanftes Herz, wo immer es sich verstecken mag, im Kragen vielleicht. Aber er ist ja nur ein zufälliges Beispiel. Wieso wirkt auch ein und derselbe Kollege ohne Kind so cool und, sobald er sein Kind dabei hat, so menschlich, verletzbar und irgendwie schmuddelig? Es ist der Baby-Effekt, auf den ja auch Diktatoren seit jeher schwören. Man setze ein Baby auf einen Diktator, und schon wirkt er butterweich. Babys sind die besseren Menschen, und sie färben ab.

Demzufolge ist so ein Baby-Trödel die harmloseste Veranstaltung auf der Welt. Überall Kinderwagen, die durchs Gedränge geschoben werden, darin unschuldig leuchtende Babys, überall

stillende und Kaffee trinkende Mütter, überall Stände mit aufge-
häuften Bodys, Stofftieren, Ratgebern, Pullöverchen, Schuhen,
Playmobil-Figuren und anderem, was man zur Aufzucht der
besseren Menschen braucht. Je nach Bezirk und Eltern findet
man auf den Trödelmärkten alles, von kaum gebrauchten Desi-
gnerstücken, viel zu schick für mein wüstes Kind, bis hin zu
ausgewaschenen, fadenscheinigen Klamotten, die offenbar ein
ganzer Kindergarten aufgetragen hat. Böse Menschen gibt es
auf Baby-Trödelmärkten nicht, wohl aber Mütter, die Ware mit
versteckten Löchern verkaufen. Andere verlangen unter den
missbilligenden Blicken ihrer Babys überhöhte Summen. Wieder andere geben ihre Sachen mit einem melancholischen
Lächeln zu Spottpreisen weg. So ist die Welt! Gut und schlecht
zugleich.

Da ich beim letzten Trödel so mit Philosophieren beschäftigt
war, habe ich im Gewühl Kind und Kindsvater verloren. Als
wir uns am Ausgang wieder trafen, hatten wir beide für ein paar
Mark dasselbe gekauft, Gummistiefel, Schlafsäcke und Fahr-
radhelme. Das Kind hat sich, wie wir hinterher feststellten, vom
Buggy aus auch einiges ausgesucht, aber nicht dafür bezahlt.
Ach, unser süßes, harmloses Baby! Es hat sich bestimmt nichts
dabei gedacht.

Auf dem Spielplatz

Meine Freundinnen haben mich vor Spielplätzen gewarnt. Nicht etwa, weil dort Spritzen oder Kondome rumliegen, weil Klettergerüste einstürzen oder kleine Rüpel auf unseren süßen Nachwuchs eindreschen, nein, einige meiner Freundinnen fühlen sich vor allem durch die anderen Mütter gestört. Die nämlich unterhalten sich auf Spielplätzen angeblich nur über Mütter-Themen, also über Windeln, Zähne und Entzündungen des Mittelohrs, und das langweilt meine Freundinnen. So sind sie!

Was mich betrifft, so beteilige ich mich nicht an dem beliebten Gesellschaftsspiel »Mütter lästern über Mütter«. Von mir aus soll jede nach ihrer Façon selig werden und reden, worüber sie will. Im Übrigen bin ich nicht oft auf Spielplätzen, denn mein Kind hat deren tieferen Sinn noch gar nicht erkannt. Es glaubt, Spielplätze seien dafür da, damit sich Babys einmal richtig satt essen können, und zwar an Sand. Also gehen wir lieber spazieren.

Bei einem dieser Spaziergänge habe ich einen Spielplatz entdeckt, auf dem sich auch meine Freundinnen wohl fühlen würden. In geradezu vorbildlicher Weise erfüllt dieser Ort alles, was Soziologen und Stadtplaner seit langem fordern, nämlich eine Durchmischung der Lebenssphären, von Familie und Beruf, privat und öffentlich, Husten und Karriereplanung. Er liegt am Ufer der Spree in Moabit und besteht aus einem riesigen Holzschiff mit Bullaugen und pyramidenförmig zulaufendem Mast, von dem aus eine lange Rutsche – wupps – direkt in den Sand führt.

Dieses Schiff macht schon mal Laune. Aber noch besser ist das Ambiente des Spreebogens drumherum. Nur wenige verkehrsberuhigte Meter trennen hier die Kinderwagen von dem Doppelrund des Innenministeriums aus blitzendem Glas und rosafarbenem Stein, von der Schweizer Botschaft direkt am Wasser und dem lang gestreckten Backsteingebäude der alten Bolle-Meierei, in dem jetzt Restaurants und Läden untergebracht sind. Eine Kantine hat ihre Stühle nach draußen gestellt und versorgt dort die Angestellten der Softwareunternehmen, die in den Gebäuden nebenan arbeiten, und auf der Terrasse des Sorat Hotels genießen die Gäste denselben Blick auf die Spree, nur zu höheren Preisen. Unter den Brücken tuckern die Ausflugsdampfer vorbei, der Rhododendron blüht, und am anderen Ufer, hinter Trauerweiden und Kastanien, grüßen stuckverzierte Altbauten in leuchtenden Farben. Klar kann man auch auf diesem Spielplatz über Scharlach reden. Aber ein paar Schritte reichen, um in andere Welten einzutauchen.

Irgendwann fiel mein träumender Blick auf die zwei Schilder mit der Aufschrift »Privatgelände. Nur für Berechtigte«. Hm! Vorsichtshalber habe ich mich nicht erkundigt, ob ich berechtigt bin. Die anderen Herrschaften auf den Bänken, teilweise in Anzügen und Kostümen, sahen auch nicht berechtigter aus. Jedenfalls haben sich alle kleinen Piraten ab drei Jahren auf dem Holzboot prächtig amüsiert. Und das Kind? Na ja! Ich glaube, es ist satt geworden.

Die Pappös

Es gibt einen Ort auf dieser Welt, der mich immer wohlig an meine Schwangerschaft erinnert, weil ich dort bei jedem zweiten Schritt von einem Kugelbauch gerammt werde. Wo nämlich trifft man die meisten Schwangeren auf einem Haufen? In einer Frauenklinik oder im Geburtsvorbereitungskurs? Unsinn. Die meisten Schwangeren trifft man sonnabends bei Ikea. Dorthin pilgern sie, die Zeuger im Schlepptau, auf der Suche nach Wickelkommoden, Gitterbettchen und Kindergardinen. Glücklich sehen sie aus und ziemlich genervt.

Vor etwa einem Jahr war ich noch in ihrer hoffnungsfrohen Lage, aber mittlerweile sind wir einen Schritt weiter. Bei unserem letzten Ikea-Besuch haben wir für das Kind ein blaues Plastikplantschbecken namens Majö, Saftig-Trinkbecher in allen Regenbogenfarben und die Mula-Puzzlebox gekauft. Vorausschauend habe ich schon mal das Kinderparadies und das Kinderkino inspiziert, wo Eltern ihre älteren Sprösslinge lassen können, während sie selbst, so wie wir, zunehmend schwindsüchtig durch die Hallen voller Rödös und Svartös wandern.

In der Haushaltswarenabteilung trafen wir eine Bekannte und ihren Mann, sie machte auf mich einen schwangeren Eindruck, und auch er hatte zugenommen. Zeit zum Nachfragen blieb nicht, denn unsere Aufmerksamkeit war gerade völlig von den Pappös gefangen genommen. Eigentlich sieht ja fast jede Frau bei Ikea schwanger aus, und auch mir war nach drei Stunden wieder ganz blümerant. Aber ich kann mich dem Sog der Tjolkös und Täppas nicht entziehen.

Besonders Objekte, die nur eine Mark kosten, üben eine magische Anziehungskraft auf mich aus. Ich habe daher viele Sommaren-Gläser und Bang-Becher für uns und mehrere

Plastikautöchen für das Kind gekauft. Auch eine Thermoskanne für sieben Mark konnte ich nicht stehen lassen. Natürlich haben wir schon zwei, aber das Kind könnte sie kaputt hauen, und davon kann man nie genug haben, und überhaupt, so bunt und so billig! Die zweihundert Trinkhalme für vier Mark werden wir im Laufe der Jahre sicher auch aufbrauchen, schließlich stehen uns jetzt viele Kindergeburtstage bevor. Der Kindsvater tadelte mich wegen meiner Kaufwut, aber er hat dann auch fünfzig Torped-Kerzen für neun Mark neunzig und dreihundert Luftballons mitgenommen, eben für die Kindergeburtstage.

Wie viel wir auf diese Weise gespart haben! Insgeheim erwarte ich immer, dass wir an der Kasse den gesparten Betrag ausgehändigt bekommen. Statt dessen mussten wir selbst Geld hinblättern, und zwar doppelt so viel wie geplant.

Am Ausgang haben wir unsere Bekannten noch einmal getroffen, aber sie hatten glasige Augen und haben uns nicht erkannt. Ich trug das Plantschbecken auf dem Kopf und sah vielleicht poppiger aus als sonst. Der Kindsvater hatte neben dem Kind auch noch Tjolkö, Ronnö und die Pappös auf dem Arm. Auf dem Parkplatz sind wir mit einer anderen Großfamilie, bestehend aus drei Kleinkindern, zwei Schwangeren, vier Buntös und zwei Männern zusammengestoßen. Wir wurden unter Pappös begraben, und seitdem gibt es uns nicht mehr.

Streit unter Müttern

Ich habe eine Bekannte, mit der ich mich regelmäßig streite. Natürlich werden wir nicht ausfallend, und wir werfen uns auch keine alten Telefonbücher an den Kopf. In allem Respekt voreinander und mit der ganzen Würde, die das fortschreitende Alter und die Mutterschaft mit sich bringen, sind wir gegensätzlicher Meinung, und zwar radikal.

Meine Bekannte kann nicht verstehen, wie ich unser Kind schon mit sechs Monaten halbtags zur Tagesmutter bringen konnte: »Wie kannst du das nur aushalten, dich von ihm zu trennen?« Ich muss dann zugeben, dass ich die fünfstündige Trennung nicht nur gut aushalte, sondern sogar genieße. Aber um mich geht es gar nicht. Das Kind, meint meine Bekannte, müsse doch unter der Fremdbetreuung leiden: Sie kenne Fälle, in denen Kinder durch das Einwirken einer kaltherzigen Tagesmutter ihr Lachen verloren hätten, Pommes frites essen und stundenlang Fernsehen gucken mussten. Am besten sei so ein Wurm in den ersten Lebensjahren doch bei seiner Mami zu Hause aufgehoben, erklärt meine Bekannte kategorisch und schiebt ihre Rückkehr in den Beruf immer weiter hinaus.

An dieser Stelle hole ich tief Luft und stimme ein Loblied auf die Förderung an, die ein Kind schon allein durch das Zusammensein mit anderen Kindern erfährt. Ich singe vom Loslassen und davon, dass wir für unseren Nachwuchs nur Reisebegleiter sind. Und ich schildere Fälle, in denen nicht nur die Kinder, sondern auch die Mütter ihr Lachen verloren haben, weil sie rund um die Uhr aneinander klebten. Ich male kleine kontaktgestörte Einzelkinder in die Luft, die in der Enge der mütterlichen Umklammerung ersticken und aus Rache zu kleinen Tyrannen heranreifen. Missgelaunt betrachten wir anschließend

94

unsere Sprösslinge. Sie sind beide gleichermaßen gesund und lustig, taugen also nicht dazu, die eine oder andere Theorie zu beweisen.

Trotzdem habe ich ganz klar Recht. Natürlich denke ich mir meine Meinungen nicht einfach so aus, sondern finde sie in Büchern, ja in der Menschheitsgeschichte bestätigt. Die Menschheit nämlich hat es sich über die Jahrtausende gar nicht leisten können, junge, arbeitsfähige Frauen ausschließlich für die Betreuung von Kindern abzustellen. Die Kleinen wurden also immer von Omas, Tanten, Geschwistern, Nachbarinnen oder Ammen mitbetreut, damit die Bäuerin aufs Feld gehen oder die Adlige ihren gesellschaftlichen Verpflichtungen nachkommen konnte. Manch eine Betreuerin war halb blind oder lahm, womöglich hatte sie abstehende Ohren oder roch nach Kartoffelschalen, und eine ausgebildete Erzieherin war sie schon gar nicht. Trotzdem sind die Babys mit ihren Bezugspersonen klargekommen und haben nicht ständig nach ihrer Mama gejault.

Und hat nicht auch jede Mutter ihre Macke, frage ich meine Bekannte? Dann guckt sie mich merkwürdig an und sagt ganz laut: Ja.

Die Natur des Menschen

Seitdem man so viel über Gentechnik und perfekte Babys liest, fragen wir uns oft, ob wir überhaupt gut daran getan haben, so aus einer Laune heraus und auf ganz konventionellem Wege ein Kind in die Welt zu setzen. Hätten wir nicht lieber zwanzig Jahre warten sollen, um dann ein vollkommenes, gegen alle gesundheitlichen und charakterlichen Risiken gefeites Geschöpf in Empfang zu nehmen? Ob wir im Jahr 2020 fruchtbar sein werden, spielt ja keine Rolle; die Wissenschaft wird bis dahin sicher in der Lage sein, auch aus eher abgekämpften Fortpflanzungsorganen noch etwas sehr Hübsches zu machen – falls sie diese Organe überhaupt noch benötigt.

Wir schwanken also. In verliebten Momenten denken wir, dass wir uns so etwas Süßes wie unser anarchisch produziertes Kind gar nicht hätten vorstellen und somit auch nicht in Auftrag geben können. In weniger seligen Augenblicken erscheint uns ein Gen gegen Durchfall oder schlechte Laune doch ganz nützlich. Wie auch immer: Rückgängig machen lässt sich nichts. Vorerst bleibt uns nur, am Beispiel unseres durch und durch urwüchsigen Sprösslings Studien über die Natur des Menschen zu betreiben, deren Ergebnisse ich hier für kommende künstliche Generationen festhalten möchte. Sie sollen wissen, wer ihr Ahne war.

Der Mensch also ist von Natur aus roh. Er findet nichts dabei, seine Liebsten ins Gesicht zu schlagen, bis die Brille kracht, und an ihren Haaren zu reißen, bis die Glatze lacht. Hat ein Spielkamerad einmal ein Holzpferd ergattert, so reißt er es ihm grob und ohne jede Entschuldigung aus der Hand. Von Natur aus glaubt der Mensch auch, er könne fliegen. Liegt er etwa auf einem Tisch und nähert sich dessen Kante, so würde er

sich furchtlos hinabstürzen, kämen nicht seine Eltern hyste-
risch angehüpft. Diese urmenschlichen Züge sind peinlich und
werden beim perfekten Baby nicht mehr auftreten.

Aber ich kann auch Eigenheiten des herkömmlichen Menschen dokumentieren, auf die wir stolz sein dürfen. Zum Beispiel kann der Mensch von Natur aus telefonieren, und zwar
noch ehe er sprechen lernt. Unser Sohn jedenfalls hält jeden
beliebigen Gegenstand ans Ohr, lallt hinein, lauscht gespannt
und antwortet dann. Danach lacht er sich kaputt, wir vermuten,
weil er seinen Gesprächspartner angeflunkert hat.

Sowieso ist der Mensch von Natur aus ein Technik-Freak. Er
spielt am liebsten mit Fernbedienungen, Computertastaturen
und Knöpfen am Videorecorder und ist fasziniert von der
Waschmaschine im Schleudergang. Legt man den Menschen in
seiner Urform dagegen auf einen Rasen in die freie Natur,
streckt er angeekelt alle Viere von sich und brüllt. Ich frage
mich, wie die Neandertaler ihre Babys beschäftigt haben. Es
gab damals ja noch nichts, was blinkte und trötete, nur Steine,
Wetter und Mammuts. Ihr gelangweilter Nachwuchs lag vermutlich im Dreck und träumte vom Homo Handy. Wir wollen
also die Wissenschaft preisen, die Natur Natur sein lassen, und
in zwanzig Jahren bestelle ich mir eine Tochter mit Ringellöck-
chen.

Alpträume einer Mutter

Lange Zeit glaubten wir, das Kind müsse zahnlos durchs Leben schreiten, denn in seinem Mund tat sich absolut nichts. Bei anderen Kindern geht es ja so vor sich: Erst sabbern sie ein paar Tage lang, und irgendwann verdichtet sich die Spucke zum Zahn. Unser Kind dagegen sabberte ohne Sinn und Verstand und ohne jedes Ergebnis. Umso überraschter war ich, als es mich kürzlich in den Finger biss. Über Nacht und ohne Vorwarnung hatten sich zwei kleine, teuflisch scharfe Zahnkronen durch sein Zahnfleisch geschoben, und seitdem hat der kleine Kerl nichts anderes im Sinn, als Einsatzfelder für sie zu suchen. Kaum nehme ich ihn auf den Arm, nähert er sich mit halb geschlossenen Augen und weit offenem Mund meinem Kinn und schlägt mir die beiden frischen Zähnchen ins Fleisch. Ich bin mittlerweile von Beiß- und Kratzspuren derart entstellt, dass ein Besuch beim Schönheitschirurgen ratsam erscheint. Ist das normal? Ich mache mir Sorgen um das Kind.

Hinzu kommt nämlich, dass es nicht krabbeln will. Es robbt, und das immer nur über den einen Arm, wobei es sich mit dem gegenüberliegenden Fuß abstößt und ganz erbärmlich zuckelt und wackelt. Zwar kommt der Wurm auf diese Weise schnell voran, doch er kriegt im Wortsinne den Arsch nicht hoch. Treffe ich zufällig irgendwo eine Krankengymnastin, so umwölken sich ihre Züge bei diesem Anblick, und sie sagt mir Schlimmes voraus: eine ungleichmäßige Entwicklung der Muskulatur, mangelhafte Koordination der rechten und linken Gehirnhälften, eine Wirbelsäulenkrümmung gar! Vor meinem inneren Auge sehe ich dann, wie unser Spross mit seinen beiden Zähnen und im 45-Grad-Winkel geneigt zur Abiturprüfung wankt, seine Gehirnhälften in heilloser Unordnung. Alptraum jeder Mutter!

Wie oft lege ich mich vor das Kind auf den Boden und flehe es auf seiner Augenhöhe an: »So krabble doch endlich! Du bist doch schon elf Monate alt!« (Ich übertreibe ein wenig, damit es sich erschreckt.) Was tut es dann? Es stößt seinen Schlachtruf aus, robbt auf mich zu und beißt mich in den Arm.

Der Kinderarzt sagt, ich solle mich nicht aufregen, große Kinder brauchten halt in der Entwicklung der Motorik länger als die kleinen, drahtigen. Dafür rede er doch schon so viel! (Das stimmt. Er redet viel, auf seine Art und in bedeutungsvollem Tonfall.) Ich muss mich also damit abfinden: In unseren Mauern wächst ein schwatzhafter Tölpel heran. Habe ich schon erwähnt, dass das Kind, wenn es lacht, die Luft nicht etwa ausatmet, sondern geräuschvoll einzieht? Es klingt dann wie ein erstickender Zombie. Normal kann das nicht sein.

Von diesen Einschränkungen abgesehen bin ich mit meinem Knirps zufrieden. Ich bin sogar der Meinung, dass ein süßeres Baby derzeit auf dem Erdball nicht zu finden ist. Das sage ich ihm auch oft und schmiege mein mütterliches Haupt an seine rosige Wange. Was tut es dann? Aua.

Taufe

Der Kindsvater ist von altem norddeutschen Blut, ja, er entspringt dem edlen und sturen Stamm der Dithmarscher, die sich bei der Schlacht von Hemmingstedt (1500) gegen die angreifenden Dänen zur Wehr setzten, indem sie mit langen Stäben über die Priele sprangen, während die Dänen elendiglich ersoffen. Von ähnlich unerschrockenem Gemüt ist auch der Kindsvater; ihn beeindrucken weder jammernde Dänen noch tagelange Autofahrten. Um seine Verwandtschaft zu besuchen, brauchen wir nur fünf Stunden: ein Klacks. Eine Begleiterscheinung des Kinderkriegens ist ja, dass die Verwandtschaft an Bedeutung gewinnt; mit jedem neuen Schreierling straffen sich die Familienbande. Deswegen sind wir oft im Norden.

Das Kind ist zwar nicht mal ein Jahr alt, aber bereits seit acht Monaten Onkel. Dies ergibt sich aus einer Verwirrung der Generationen dithmarscherseits, die zu erläutern hier zu weit führen würde. Wie dem auch sei, das Kind hat einen Neffen, und der wurde vor kurzem getauft. Wir sind fünf Stunden nach Norden gefahren und landeten vor einer hübschen Steinkirche im Kreise der Familie. Drinnen waren noch fünf andere Täuflinge und allerhand Geschwister. Das Kind blickte neidisch auf seinen Neffen, der in seinem blitzweißen, bestickten Taufkleid majestätisch aussah und eine würdevolle Miene zur Schau trug. In dem Taufkleid hat übrigens schon die Ururoma des Neffen gestrampelt, und auch der Kindsvater hat darin einen großen Moment erlebt.

Der Pfarrer ist ein netter Mensch mit eierförmiger Halbglatze, den wir schon von anderen Familienereignissen her kennen. Als erstes zitierte er Jürgen von der Lippe (»Wie viele Heiden braucht es, um eine Glühbirne auszuwechseln?«–»Keinen, denn die Heiden leben in totaler Finsternis.«), um dann die Täuflinge samt Paten und Eltern nach vorne zu bitten. Er sprach zu ihnen über das richtige Leben und die Bedeutung ihres Namens. Den Neffen ermahnte er, »die Weisungen Gottes streng zu befolgen«. Der versprach es und ließ sich anstandslos besprenkeln.

Ich gebe zu: Ich war gerührt. Als durch und durch konfessionsloser Mensch bin ich in einer Kirche immer schwer ergriffen, weil mir schlagartig die Größe des Daseins bewusst wird. Außerdem war die Atmosphäre in dem weiß gekalkten Innenraum sehr schön, freundlich und freudig, belebt von dem Quietschen der Geschwisterkinder. Kurz, nicht nur das Kind war neidisch, ich war es auch.

Warum haben wir Heiden keine Zeremonie, mit der ein Kind gefeiert und in die Gemeinschaft aufgenommen wird? Sogar in der DDR gab es doch die Namensweihe, bei der die klitzekleinen DDR-Bürger auf den Sozialismus eingestimmt wurden. Und unsere neoliberalen Freunde nehmen ihren Kindern sicher heimlich einen Schwur auf die Marktwirtschaft ab. Nur wir harmlosen Spaßgesellschafter gehen leer aus. Ich plädiere für ein säkulares Gegenstück zur christlichen Taufe, ein fröhliches Fest, von mir aus mit Handauflegen oder Bepusten. Davon würden auch Partyveranstalter und Redenschreiber profitieren. Und für uns wäre es wie eine Glühbirne in der Finsternis.

Technischer Fortschritt

Man sagt ja, der technische Fortschritt führe zu einer Umkehrung im Verhältnis der Generationen: Die Jüngeren sind jetzt schlauer als die Älteren, die Weisheit der Betagten zählt nichts mehr, schon als Mittdreißiger hat man es schwer, mit den Dreikäsehochs mitzuhalten. So hört man erstaunliche Geschichten von Fünfjährigen. Angeblich krabbeln sie bereits hurtig durchs Netz, während unsereins noch dumpf aufs Desktop starrt, und sie wildern in Pentagon-Dateien, wo wir schon am Textverarbeitungsprogramm scheitern.

In diesem evolutionären Prozess marschiert das Kind in der Avantgarde mit. Bereits mit acht Monaten besaß es zwei Handys und ging sehr professionell damit um. Zu diesem Zeitpunkt hatte ich noch allerhand kulturkritische Flausen im Kopf und behauptete allen Ernstes, der Mensch müsse nicht rund um die Uhr erreichbar sein. Als ob es beim Handy keinen Ausschaltknopf gäbe! So dumm war ich. Außerdem zitierte ich gerne aus zufällig belauschten, völlig überflüssigen Gesprächen, die die Beteiligten offenkundig nur führten, um den Managern der Telekommunikationsindustrie eine Freude zu machen. Das Kind scherte sich nicht um meine Spenglerschen Tiraden. Es drückte seine Handy-Tasten und lächelte arrogant.

Nun habe ich eine einfache Regel, um in der technisierten Gesellschaft zu überleben. Sie lautet: Man steige genau dann in eine neue Technologie ein, wenn sie erstens billig, zweitens handlich und drittens idiotensicher geworden ist. Jeder Versuch, es früher zu tun, ist eine Verschwendung von Geld und Energie. Diesen Zeitpunkt habe ich beim Handy verpasst.

In den letzten Monaten ist mir aber aufgefallen, wozu die Dinger wirklich nützlich sind: zur Organisation der modernen

Kleinfamilie. Nicht nur beobachte ich ständig Mütter mit Mobiltelefon am Ohr; ich habe auch männliche Kollegen, die zugeben, sie benutzten ihr Handy für berufliche Zwecke kaum, wohl aber um den familiären Alltag zu bewältigen: Wer holt das Kind ab? Wo kann ich es übernehmen? Was hat der Arzt gesagt? Soll ich noch Milch mitbringen? Kurz, seit neuestem habe auch ich ein Handy, ein winziges, süßes Ding, das sich in die Hand schmiegt wie eine Bio-Banane und schüchtern piepst, wenn der Akku leer ist. Auch ich sage jetzt weltbewegende Sätze wie: »Stell dir vor, ich bin gerade in der U-Bahn!« Das interessiert noch nicht mal den Kindsvater. Egal! Es ist das Erste, was mir in den Kopf kommt, wenn ich mich von dem Schrecken erholt habe, dass in der U-Bahn das Handy klingelt.

Jedenfalls ist nun ein häuslicher Kampf um das neue Handy entbrannt. Jedes Mal, wenn ich das Gerät in Ruhe herzen und streicheln möchte, kommt das Kind und will es mir wegnehmen. Ich sehe ja ein, dass es davon mehr versteht als ich. Aber wie soll ich jemals lernen, eine Rufumleitung oder auch nur mein Telefonbuch einzurichten? In meinem Alter braucht man für so etwas Zeit und Konzentration; man nähert sich technischen Geräten mit einer gewissen Ehrfurcht. Aus einer ähnlichen Scheu heraus habe ich beschlossen, meine Handy-Nummer niemandem zu verraten. Ein einziges Mal hat mich bisher ein fremder Mann angerufen, der sich verwählt hatte. Das war ein für mich sehr erregender, ein erotischer Moment. Er sagte, er sei in der U-Bahn.

Erziehung zur Selbstständigkeit

Unsere oberste Maxime lautet: Erziehung zur Selbstständigkeit. Alle anderen menschlichen Werte und Erziehungsziele wie Friedfertigkeit, Anstand oder regelmäßiges Zähneputzen müssen sich dem unterordnen. Je selbstständiger nämlich das Kind ist, desto früher kann es, wie gerade der Kindsvater immer wieder anmahnt, zu allerlei Hilfsarbeiten im Haushalt herangezogen werden. Wir wünschen uns ein Kind, das Brötchen holt, die Spülmaschine einräumt und den Müll runterträgt. Es soll uns das Leben erleichtern. Dazu haben wir es in die Welt gesetzt.

Seit nunmehr elf Monaten erziehen wir unseren Sohn zur Selbstständigkeit und haben schon bemerkenswerte Erfolge erzielt. Zwar weigert er sich nach wie vor zu krabbeln, aber statt dessen zieht er sich nun an jedem Tisch- und Hosenbein zum Stehen hoch, wird also im Wortsinne eigen-ständig. Und siehe da: Von Tag zu Tag nimmt uns das Kind mehr Arbeit ab.

Nicht nur überprüft es regelmäßig den Inhalt unserer Regale und Schubladen, es wirft auch eigenständig alles Unbrauchbare in den Papierkorb. Überzählige Teller vernichtet es, hässliche Vasen zieht es samt Tischdecke aus dem Blickfeld. Es ordnet unsere Kabel, zerkleinert alte Zeitungen, schaltet den Fernseher aus und kann schon recht ordentlich zappen. Und wenn in unserem ansonsten tadellos sauberen Haushalt einmal ein Schmutzpartikel herumliegt, so isst das Kind ihn kurzerhand auf. Da es sich so gewissenhaft um alles kümmert, haben wir ihm das untere Drittel unserer Wohnung überlassen und halten uns nur noch in den oberen Regionen auf.

Damit das Kind seine Botengänge zukünftig flotter erledigen kann, soll es nun so schnell wie möglich Fahrrad fahren lernen.

Zur Einstimmung haben wir ihm vorne auf unseren Fahrrädern einen kleinen grünen Fahrradsitz montiert. Söhnchen freut sich schon sehr auf seine kommenden Aufgaben, beim Fahren juchzt es und reißt die Arme hoch und winkt den Passanten zu wie Königin Elisabeth.

Vom Fahrrad aus zeigen wir unserem Spross seine künftigen Einsatzfelder. Am Sonnabend waren wir auf dem Winterfeldtmarkt, wo er im nächsten Jahr Spargel einkaufen soll. Das bunte Treiben hat ihm gut gefallen, nur Berlins lautester Blumenverkäufer jagt ihm mit seiner knarrenden Stimme einen Schrecken ein. Zur Erholung haben wir uns da hingesetzt, wo alle Schöneberger Eltern mit Kleinkindern sonnabends vormittags sitzen: auf den Vorplatz des Kindertheaters »Hans Wurst Nachfahren«. Hier gibt es Plastikstühle und Mäuerchen zum Verweilen, einen Getränkeausschank und Gratisunterhaltung: Mal spielt ein Akkordeonist, mal ist ein Kasperletheater aufgebaut, immer sitzen Kinder davor und feuern die Darsteller an, oder sie toben auf der Mauer und in den Bäumen herum.

Das Kind ist sofort losgerobbt, um uns einen Milchkaffee zu holen. Wir haben nur dagesessen und in die Sonne geblinzelt und die Kinderlosen bemitleidet, die immer alles selbst machen müssen.

Höhere Tischkultur

Der neueste Scherz des Kindes besteht darin, mir den Löffel zu entreißen, ihn selbstständig ins Essen zu rammen und dann den Inhalt des Löffels zu gleichen Teilen auf seinen Mund, die Tischdecke und meinen Ärmel zu verteilen. Anschließend greift es mit der bloßen Hand in die Tomatensoße, leckt einen Finger ab und trocknet die anderen an meinem Pullover. Ich habe mich damit abgefunden: Das Kind betrachtet mich als eine Art Wischtuch. Man darf da als Mutter nicht zu viel erwarten. Meine inneren Werte sind ihm, glaube ich, schnuppe.

Ich halte mich für einen durchschnittlich reinlichen Menschen, ohne Hang zur Putzsucht, aber auch ohne weithin sichtbare Zeichen der Verwahrlosung. Dieses Niveau zu halten, fällt schwer, seitdem das Kind mich systematisch beschmiert und bespuckt. Es ist ja ein Jux der Babyartikelindustrie, dass Lätzchen ausgerechnet für Kinder angeboten werden; wer eigentlich ein Lätzchen braucht, sind doch die Erwachsenen, und zwar Ganzkörperlätzchen für rund um die Uhr. Wer nimmt es einem Baby schon krumm, wenn es mal einen Flecken im Gewande trägt? Wenn ich dagegen als wandelnde Schinkennudel herumlaufe, wundern sich die Mitmenschen.

Kürzlich wollten wir das Kind mit der höheren Tischkultur bekannt machen und sind mit ihm essen gegangen. In ein Edellokal haben wir uns nicht getraut, aber auch das Dollinger, beliebtes Café und Restaurant am Stuttgarter Platz, war für den Kleinen eine Offenbarung, liegen doch auf den Esstischen strahlend weiße Deckchen, und die Menschen sitzen gesittet und ruhig vor ihren Tellern.

Erst tat das Kind ganz zivilisiert und fügte sich, auf einem Hochstuhl sitzend, unauffällig in die Gästeschar ein. Es studierte sogar mit wohlwollendem Interesse die Speisekarte. Aber kaum hatte die Kellnerin den Inhalt unseres mitgebrachten Hipp-Gläschens erwärmt und vor ihm abgestellt, da erwachte in ihm der Kampfgeist. Es entwand mir den Löffel, stieß ihn in die rote Pampe, mantschte wild darin herum und feuerte eine Probe davon auf meinen roten Pullover, wo sie gar nicht weiter auffiel. Dann zwang es den Kindsvater, sich von ihm füttern zu lassen. Der nahm ihm aus Höflichkeit einen Happen ab und wurde dafür mit einem dekorativen Klecks auf dem Hemdkragen belohnt. Es folgten weitere Geschosse auf meine Hose, die Tischdecke, die kindsväterliche Schulter und, beim erbitterten Kampf um den Löffel, auf die eigene platte Babynase. Die Kellnerin konnte sich gerade noch in Sicherheit bringen. Juchhei! War das ein Spaß!

Ich bin eigentlich gern im Dollinger, der Laden ist unprätentiös, lässig und doch irgendwie schick, das Essen schmeckt mir gut, und ich habe dort schon viele interessante Geschäfts- und Beziehungskrisengespräche mitgehört. Diesmal habe ich es jedoch unter dem ständigen Beschuss mit Pampe kaum geschafft, mein Hähnchencurry mit Basmatireis zu verzehren. In aller Eile mussten wir das Lokal verlassen: zwei traurige Schinkennudeln und ein strahlender, rotnasiger Knirps.

Hunde

Hin und wieder denke ich über die Parallelen zwischen Kindern und Hunden nach. Oder genauer: über die zwischen Eltern und Hundehaltern. Beide Gruppen sind sich, wie man weiß, spinnefeind, denn die Lieblinge der einen verrichten ihr Geschäft ausgerechnet dort, wo die der anderen spielen wollen. Ich habe schon hasserfüllte Ausfälle von Freundinnen gegen Hundehalter gehört, die ihre Tiere unangeleint durch die Parks tollen ließen: »Stellen Sie sich mal vor, Ihnen springt eine Kuh über den Kopf, Sie Blödmann, Sie!« Und Schlimmeres.

Also: spinnefeind. Über der Spinnefeindschaft gerät leider völlig aus dem Blick, dass die Lebensweise von Eltern und Hundehaltern verdammt ähnlich ist. Beide gehen viel spazieren, können nicht einfach so in Urlaub fahren und sorgen sich regelmäßig um Ernährung und Stoffwechselprodukte ihrer Liebsten. Beide müssen ihre Wohnungen kinder- beziehungsweise hundesicher machen und sagen am häufigsten die drei Formeln »Komm her«, »Lass das« und, in verzückten Momenten, »Ach, wie süß!«. So wie die Eltern von Kleinkindern sich gegenseitig auf der Straße zulächeln, so begrüßen sich auch die Hundehalter mit einem, das nehme ich zumindest an, freudigen Winseln. Die Straßen sind voller Bekannter, wenn man ein Kleinkind oder einen Hund hat, das Leben hat Rhythmus, Erdenschwere, ja: Sinn.

Der entscheidende Riss durch die Gesellschaft verläuft also nicht zwischen Eltern und Hundehaltern, sondern zwischen ihnen und den Kinder- und Hundelosen. Sie, die Losen, sind perfekt gerüstet für die globale, mobile, flexible Welt, wir dagegen sind die Romantiker mit Klotz am Bein. Darum sollten wir uns nicht streiten. Seien wir lieb zueinander!

Mir kann keiner Hundefeindschaft vorwerfen. Schon mit sechs kannte ich alle Rassen auswendig. Als meine Schulkameradinnen die Bay City Rollers anhimmelten, da schwärmte ich noch von Airdale-Terriern; und auch nachdem es mir gelungen war, meine Libido altersgerecht umzulenken, richtete sie sich bevorzugt auf Jungs vom Typ Irish Setter oder Cockerspaniel, mit kastanienbraunen Locken und treuherzig runden Augen. Ich suchte eindeutig den Hund im Mann.

Auch das Kind mag diese Tiere gern und nennt sie respektvoll »wa-wa«. Trotz alledem war der letzte Spaziergang um den Grunewaldsee, Berlins beliebtestes Hundeauslaufgebiet, ein erschreckendes Erlebnis. Dies ist kein Ort für Menschen unter einem Meter. Das Kind nämlich kann jetzt zwar laufen, aber es schwankt dabei noch, als hätte es einen in der Krone, und sah sich dort, erstaunt torkelnd, einer gewaltigen Übermacht von Dackeln und Doggen gegenüber. Umstellt, umbellt und umsprungen muss es sich gefühlt haben wie ein Besoffener unter Dinosauriern.

Ich gönne jedoch den Tieren ihren Auslauf. Daher ein versöhnliches Wort an ihre Besitzer: Nehmt den See, füllt ihn an mit Hundehaaren, schleudert eure Stöcke hinein und bekränzt seine Wege mit Häufchen! Ich schenke euch den ganzen Teich samt Unterholz!

So lieb können Eltern sein.

Die Cousine

Das Kind hat eine Cousine, die bald ihren ersten Geburtstag feiern wird, ein erstaunliches Wesen mit flaumigem blondem Haar. Sie ist ein halbes Jahr jünger als unser Kleiner, aber sie entwickelt sich mit atemberaubender Geschwindigkeit ihm hinterher und an ihm vorbei. Krabbeln konnte sie schon, da robbte unserer noch fast. Und kaum hat er jetzt torkeln gelernt, da marschiert Cousinchen schon flott und eifrig an der Hand ihrer Eltern durch die Wohnung. Überdies ist sie vielseitig interessiert und vertieft sich gern in Bücher. Sie liest im Bett und auf dem Hochstuhl, betrachtet versonnen rote Hunde und grüne Enten, zwischendurch blickt sie auf und lächelt schlau. Ihre Eltern sind sehr stolz auf sie. Kein Wunder!

Manchmal graust uns vor der Cousine. Wird sie ihren älteren Verwandten nicht in Kürze weit hinter sich gelassen haben und uns allen einen Minderwertigkeitskomplex einimpfen? Unser Kleiner nämlich fällt bisher vor allem durch schiere Körperkraft und eine alberne Grundeinstellung auf. Er stupst seine Spielkameraden roh herum und macht Faxen. Mit Büchern hat er nichts am Hut. Nur ein einziges guckt er sich freiwillig an, darin ist ein kleines blondes Mädchen abgebildet, das hält er vors Gesicht und küsst es. Ich tadele ihn dann und warne ihn, dass blonde Frauen gefährlich und überhaupt zu nichts nütze sind, von der rühmlichen Ausnahme seiner Cousine natürlich abgesehen. Dann wendet er sich ohne Bedauern wieder seinen Schuhkartons, Marmeladendeckeln und Bauklötzen zu. Derweil sitzt Cousinchen über ihren Büchern und bildet sich weiter, und wir vermuten, dass sie heimlich schon die Bezeichnungen für Hunde und Enten auf deutsch und russisch vor sich hinmurmelt. Die Cousine gilt nun als die Intellektuelle in der Familie, während unser Kind eher für eine Laufbahn als Boxer oder TV-Komiker prädestiniert scheint.

Langer Rede kurzer Sinn: Was schenkt man diesen Kindern zu Weihnachten? Ein traditioneller Spielzeugladen, so dachte ich, müsste doch auch für diese unterschiedlichen Temperamente etwas bieten. Nun ist es allerdings eine massive Dummheit, zusammen mit dem Nachwuchs in einen Spielzeugladen zu gehen, der ja meist äußerst verwinkelt, zugestellt und vollgehangen ist. Ein anderthalbjähriges Kind nämlich räumt jeden Kaufmannsladen aus, reißt jeden Plüschpinguin herunter und rammt jeden Baby-Buggy ins Duplo-Regal. Murmeln und Miniatur-Engelchen wirft es fröhlich durch die Gegend, und an Hampelmännern reißt es so brutal, bis ihnen die Hampelärmchen abfallen. Während ich noch aufräumte, spazierte das Kind mit einer blonden Puppe im Arm ungeniert aus dem Laden und wurde draußen sofort verhaftet. Es sitzt jetzt noch drei Tage im Gefängnis, in denen ich in Ruhe einkaufen gehen kann.

Ich bin aufgrund dieses Erlebnisses aber davon abgekommen, herkömmliches Spielzeug schenken zu wollen. Das Kind bekommt einen Punching-Ball, die Cousine Hölderlin-Gedichte, und damit hat sich die Sache. Weihnachten kann kommen.

Milchkaffee

Ohne einen gepflegten Milchkaffee wäre für mich das Leben sinnlos. Es geht doch nichts über eine Schale des dampfenden braunen Gesöffs in einem Café mit Ausblick, während die Alltagswelt versinkt und die Gehirnzellen, vom Kaffee angewärmt, sanft zu kribbeln beginnen.

Nun habe ich aber als Mutter das Problem, dass Kinder und Cafés sich nicht vertragen. Kaum sind sie dem schläfrigen Säuglingsalter entwachsen, wollen die Knirpse beschäftigt werden. Sie quietschen und rütteln am Kinderwagen, und nimmt man sie heraus, krabbeln sie frohgemut über Tische und Stühle und Milchkaffee hinweg, ohne jede Rücksicht auf die hochfliegenden Pläne, die im Kopfe der schlürfenden Mutter entstehen. Die anderen Gäste finden das eine Zeit lang komisch und dann nervig. Wo also kann eine Mutter heutzutage noch einen gepflegten Milchkaffee trinken?

Gestern habe ich einen solchen Ort entdeckt. Es ist ein Café-Restaurant mit Theaterprogramm für Erwachsene und Kinder und besteht aus einem Theater und drei größeren Caféräumen. Einer der Räume ist verzaubert: An seiner Stirnseite ragt eine Holzburg mit Türmchen und Zinnen bis fast an die Decke, und die Decke sieht aus wie ein Sternenhimmel, denn sie ist mit blauem Stoff behängt. Auf die Burg führt links eine Treppe, und rechts kann man runterrutschen. In einem Holztrog auf der Erde stapeln sich Stoffhasen und -enten, daneben stehen Laster und Kräne, ein Kasten mit Bauklötzen und ein blau-roter Schaukelelefant mit gelben Ohren. An diesem verwunschenen Ort tobten, als wir ankamen, bereits Charly, eine vierjährige Blondine, und ihr zweijähriger Freund Joshu, während ihre Mütter im Nebenraum ein gepflegtes Bierchen tranken. Das

Kind war sofort fasziniert von dem Schaukelelefanten; es thronte darauf wie auf einer Harley Davidson und ließ mich sage und schreibe zehn Minuten lang in Ruhe. Danach widmete es sich den Bauklötzen und schaute Charly beim Rutschen zu. Ein zufriedenes Kind! Ein Engelchen!

Im Laufe des Nachmittags trudelten immer mehr Mütter mit Kleinkindern ein, eine war sogar extra aus Tempelhof angereist, und es wurde entsprechend eng. Als ich ging, standen in dem Raum fünf Kinderwagen, der Boden war übersät mit Stofftieren, und die Bauklötze stapelten sich auf den Stühlen. Charly hatte ihre Mutter gezwungen, auf dem Elefanten Platz zu nehmen, wo sie nun ergeben schaukelte, und Niklas' Mama irrte als überdimensioniertes Burgfräulein zwischen den Zinnen umher. Joshu baute seinen vierten Turm, den Dominik umwarf, und Lisa rutschte gerade mit Karacho auf Toms Kopf zu. Dann flog noch etwas durch die Luft, ich glaube, es war ein Stück Apfelkuchen.

Na gut, früher habe ich mir unter einer gepflegten Atmosphäre etwas anderes vorgestellt. Aber meinen Milchkaffee habe ich in Ruhe trinken können und einen klugen Gedanken habe ich auch gefasst. Er lautet so schlicht wie schön: Warum gibt es so etwas nicht öfter?

Das Ungeheuer

Fassen wir doch einmal kurz alles Unheil zusammen, das das Kind über diese Welt gebracht hat. Schon in seinen ersten Lebenstagen hat es Möbel und Kleidungsstücke bespuckt und beim Wickeln gezielt auf meine Bluse gepinkelt. Später begann es zu kratzen und zu beißen. Aber seitdem der kleine Kerl sicher und schnell laufen kann, ist er zu einer Gefahr für den Weltfrieden geworden.

Gläser besitzen wir nur noch wenige, die anderen liegen in Scherben bei der Berliner Stadtreinigung. Das Kind benutzt CDs wie andere Leute Frisbees, es bringt mit einigen energischen Schlägen den Computer zum Absturzen, es bemalt den Berberteppich mit Lippenstift und das Sofa mit Fettfingern, es entsorgt silberne Löffel in den Mülleimer, stellt die Waschmaschine an und die Heizung aus, feuert Handys gegen die Wand und zerkratzt das Parkett mit gemopsten Messern.

Regelmäßig wirft es Dinge ins Klo, die nicht hineingehören und die dort einen Teil ihrer Identität einbüßen, Papierrollen zum Beispiel oder Zahnbürsten. Es klettert auf den Tisch und verdrängt dort die Teekanne sowie alle unsere chinesischen Vasen aus der Ping-Pong-Dynastie. Es stakst in meinen Schuhen durch die Wohnung und deponiert sie, gefüllt mit Erde, im Blumentopf, es reißt Dichter und Denker aus dem Regal, schiebt Bauklötze in den Videorekorder und begrüßt die Nachrichtensprecher mit Hieben. Kürzlich hat der Kleine sogar den Wecker verstellt, der dann um vier Uhr morgens bimmelte. Wir haben auch den Verdacht, dass er auf unsere Kosten Ferngespräche führt. Keine Frage, hin und wieder macht das Kind auch Freude. Aber den materiellen Schaden, der uns aus seiner Existenz entsteht, begleicht es nie.

Nun ist gerade der Kindsvater ein sensibles Geschöpf und mag es gar nicht, wenn er ständig »Nein! Hör auf! Du Ungeheuer!« brüllen soll. Ich bin nicht so sensibel, aber dafür bequem und lasse Söhnchen auch oft gewähren. Das Kind nimmt uns daher beide nicht ernst. Wenn wir »nein« sagen, lacht es und ahmt uns nach, es droht uns mit dem Zeigefinger und ruft vergnügt »nei, nei!« Bei seiner Tagesmutter dagegen benimmt sich der Kleine angeblich einwandfrei. Es handelt sich also nicht um ein schwer erziehbares Kind. Nur um schlecht erziehende Eltern.

Es ist daher nicht schwer vorauszusagen, wie der Heilige Abend dieses Jahr verlaufen wird. Das Kind wird den Weihnachtsbaum erblicken, jubelnd die Arme hochreißen, auf ihn zustürmen, mit einem gekonnten Griff die Tanne aus der Halterung reißen und darunter begraben werden. Die Großfamilie wird in Flammen aufgehen, der Brand wird auf die Nachbarschaft übergreifen, und innerhalb weniger Stunden wird die Stadt Berlin der Vergangenheit angehören. Schade um unser schönes Gemeinwesen! Aber das Kind hört einfach nicht auf uns.

Puppen

Als eingefleischte Feministin mit strengen Grundsätzen habe ich meinem Sohn zu Weihnachten natürlich eine Puppe geschenkt. Schließlich wird das Kind einmal meine Schwiegertochter und meine Enkel zwischen den Fingern halten, und da soll es möglichst frühzeitig, warum nicht schon mit anderthalb Jahren, eine fürsorgliche Ader entwickeln. Aus diesem Anlass habe ich mich, zum ersten Mal im Leben, mit dem Thema Puppen beschäftigt.

Als kleines Mädchen nämlich konnte ich mit Puppen wenig anfangen, war ich doch schon früh stramm feministisch eingestellt. Ich sah keinen Sinn darin, sie an- und auszuziehen, ihre elektrisch aufgeladenen Haare machten mir Gänsehaut, das kleinteilige Gewimmel im Puppenhaus nervte mich, und die harten, kalten, dünnen Barbie-Puppen fand ich ähnlich anheimelnd wie ein Bündel Reptilien. So schlecht stand es um meine Fürsorglichkeit. Ich entdecke die Welt der Puppen daher erst im reifen mütterlichen Alter. Und staune!

Zunächst mal über die Preise. Für eine Puppe kann man locker anderthalb tausend Mark ausgeben, allerdings handelt es sich dann um Künstlerpuppen, mit denen kein Kind jemals wird spielen dürfen. Auch die preiswerteren Puppen sind in der Regel korrekt gekleidet, sehr brav und sehr langweilig; melancholisch und gefasst blicken sie einem Puppenleben entgegen, in dem sie vor allem zusammengeknautscht und an die Wand gepfeffert werden. Es gibt Puppen in Lederhosen und Abendkleid, schwarze und chinesische Puppen in landestypischer Tracht, Käthe-Kruse-Puppen mit ernstem, altersweisem Gesicht, ja, es gibt sogar Embryos, zeigefingerlang und zusammengekrümmt im blauen Geschenkkarton. Und es gibt Baby

Annabell im weißen Strampler, die »reagiert wie ein richtiges Baby – gurgle, zzz, wäääh –!«

Meine Freundin, die zwei Töchter hat, berichtet voller Grausen von einer Puppe, die offenbar der Hit unter vier- bis fünfjährigen Mädels ist. Sie heißt Baby Born und kann nicht nur weinen und lachen, essen und trinken, sondern auch in die Windel machen. Geliefert wird sie mit Geburtsurkunde und fünfsprachiger Gebrauchsanleitung, und was eine richtige Puppen-Oma ist, die kauft ihrer Tochter auch noch die Wickeltasche dazu (40 Mark), mehrere Bodys (je 20 Mark), den Puppenwagen (149 Mark), das Reisebett (59 Mark) und so weiter. Wir Omis lassen uns nicht lumpen!

Wenn ich an Baby Born und ihre nassen Windeln denke, ergreift mich eine ganz unfeministische Freude darüber, dass ich einen Sohn habe. Ein Sohn wird sich so ein anspruchsvolles Geschöpf niemals wünschen. Ich habe für ihn also im unteren Preisbereich eine Puppe gekauft, zu der es garantiert kein weiteres Zubehör gibt. Sie hat eine Mütze mit zwei Zipfeln auf und lacht ebenso übermütig wie spitzbübisch in die Welt. Ich liebe diese Puppe wie meine eigene Schwiegertochter, denn sie ist pflegeleicht. Dummerweise kann das Kind sie nicht leiden und schenkt seine Fürsorge nur einem grauen Stoffhasen. Was kann man da machen? Nichts. Gurgle. Zzz. Wääähhh!

Rückblick

Nach achtzehn Monaten ununterbrochener Elternschaft wird es ja wohl erlaubt sein, einen Moment innezuhalten und voller Stolz auf das Erreichte zurückzublicken. Zu diesem Zweck schalte ich den Videorecorder ein. Er zeigt mir meine Filme, ungefähr sieben Stunden lang. Es sind meine Filme, weil der Kindsvater ein Foto- und Video-Muffel ist und mir praktisch die gesamte Dokumentation des kindlichen Entwicklungswegs überlassen hat. Deswegen tauche ich auch auf keinem Bild auf, ganz so, als hätte das Kind keine Mutter.

Ich schalte also ein und sehe: das Kind, sechswöchig und schlafend in der Tragetasche; das Kind in der Autoschale, das seine Finger beguckt und dabei leise grunzt; das Kind zappelnd im Bade, bei der Lektüre eines Möbel-Hübner-Prospekts, im Dialog mit seinem Stoffhäschen und bei der Feier seines ersten Geburtstags mit dem blau-roten Schaukelpferd, genannt »wau-wau«. Das Kind mit seinem Geburtshaarschopf, das Kind kahl, das Kind mit neuen Haaren und dann mit Locken, das Kind beim Robben, Krabbeln, Futtern, Telefonieren, beim ersten Aufstehversuch, mühsam genug, mit grenzenlosem Staunen im Blick, als es sich endlich aufrecht am Gitter des Laufstalls halten kann. Ich glaube nicht, dass es je ein süßeres Kind gegeben hat, und niemand wird mich vom Gegenteil überzeugen können.

Eins ist klar: Eine berühmte Regisseurin wird aus mir nicht mehr werden. Meine Filme sind sterbenslangweilig für jeden, der nicht in unmittelbarer Blutsverwandtschaft zu dem Kind steht. Die Blutsverwandten treten in den Filmen übrigens auch auf, als schäkernde Statisten; oft fehlen ihnen wichtige Gliedmaßen, denn im Bildmittelpunkt ist stets das Kind. Mein

einziger Kunstgriff besteht darin, immer wieder und geradezu penetrant auf den Kopf des Kindes zu zoomen. Auch die
Tonspur hat keine Hollywood-Qualität: Sie besteht aus allerhand Einflüsterungen im Stil von »Guck doch mal, kleine
Maus!« und »Hiiiier! Süüüüßer!« Die einzelnen Sequenzen
brechen abrupt ab, wenn das Kind zu schreien beginnt, manchmal enden sie auch mit einem erschrockenen Quieken mei-
nerseits; dann machte das Kind wohl gerade Anstalten, vom
Stuhl zu fallen oder sich in ein offenes Messer zu stürzen, und
ich musste ihm, die Kamera von mir schleudernd, zu Hilfe
kommen.

Trotz all dieser Einschränkungen betrachte ich meine Filme
gern, denn der Hauptdarsteller ist umwerfend. Danach sitze ich
erschlagen auf dem Sofa und murmele immer wieder die beiden
Kernsätze elterlicher Philosophie: »Wie schnell doch die Zeit
vergeht!« und »Wie schnell man vergisst!« War das Kind tatsächlich einmal so klein? Konnte es seinen Kopf nicht heben
und sich nicht alleine umdrehen? War ich einmal kinderlos und
konnte mir gar nicht vorstellen, wie es ist, ein Kind zu haben?
Und war all das, was mir jetzt so weit weg vorkommt, erst vor
einem guten Jahr?

An dieser Stelle brauche ich einen Rotwein. Und mit gelöster
Zunge versuche ich ein Fazit der letzten anderthalb Jahre zu for-
mulieren: Kinder sind das Schönste, das Beste, das Wertvollste
auf der Welt, sofern man nicht rund um die Uhr für sie zustän-
dig ist. Einen besonders innigen Schluck trinke ich dann auf
Kindsvater, Großeltern, Tagesmutter und Babysitterin. Ohne
sie wäre ich heute in der Klapsmühle.

Der technische Fortschritt ist ein großes Wunder. Man
bedenke: Aus meiner eigenen frühesten Kindheit gibt es nur ein
paar verwackelte Schwarzweißfotos mit welligem Rand. Von
mir weiß ich daher nur so viel: Ich war ein nettes, regloses,
schwarzweißes Kind. Mein Sohn dagegen kann auch in zwanzig Jahren noch sehen, wie bunt, wie laut, wie beweglich er war.

Er wird keinen Freud brauchen, um seine frühen Traumata zu erahnen, seine Kindheit wird auf Knopfdruck offen vor ihm herflimmern, ohne jedes Geheimnis. Nur eine einzige offene Frage wird ihm bleiben: Hatte ich eine Mutter?

…Eltern sein dagegen sehr

Erziehungsberater im dtv

Bruno Bettelheim
Kinder brauchen Märchen
dtv 35028

Bruno Bettelheim
Karen Zelan
Kinder brauchen Bücher
Lesen lernen durch
Faszination
dtv 35026

Rudolf Dreikurs
Erik Blumenthal
**Eltern und Kinder –
Freunde oder Feinde?**
dtv 35003

Kinder verstehen
Ein psychologisches
Lesebuch für Eltern
Herausgegeben von
Sophie von Lenthe
dtv 35017

Maria Montessori
Kinder sind anders
dtv 36047

Gerlinde Ortner
**Märchen, die Kindern
helfen**
Geschichten gegen Angst
und Aggression und was
man beim Vorlesen wissen
sollte
dtv 36107

Gerlinde Ortner
**Neue Märchen, die
Kindern helfen**
Geschichten über Streit,
Angst und Unsicherheit
und was Eltern wissen
sollten
dtv 36154

Jirina Prekop
Der kleine Tyrann
Welchen Halt brauchen
Kinder? · dtv 36050

Jirina Prekop
Christel Schweizer
Unruhige Kinder
Ein Ratgeber für beun-
ruhigte Eltern
dtv 36030

Lawrence E. Shapiro
EQ für Kinder
Wie Eltern die Emotionale
Intelligenz ihrer Kinder
fördern können
dtv 36121

Eva Zeltner
Mut zur Erziehung
dtv 36048
**Weder Macho noch
Muttersöhnchen**
Jungen brauchen eine neue
Erziehung
dtv 36123

...Eltern sein dagegen sehr

Erziehungsberater im dtv

Jeffrey L. Brown
Keine Räuber unterm Bett
Wie man Kindern Ängste nimmt
dtv 36093

Was macht ihr für Geschichten?
Ausdrucksformen des kindlichen Erlebens
Herausgegeben von Reinhard Fatke
dtv 35136

Klaus Fritz
Ein Sternenmantel voll Vertrauen
Märchenhafte Lösungen für alltägliche Probleme
dtv 36120

Allan Guggenbühl
Die unheimliche Faszination der Gewalt
Denkanstöße zum Umgang mit Aggression und Brutalität unter Kindern
dtv 36025

Gerhard W. Lauth
Peter F. Schlottke
Kerstin Naumann
Rastlose Kinder, ratlose Eltern
Hilfen bei Überaktivität und Aufmerksamkeitsstörungen · dtv 36122

Jane Nelsen
Lynn Lott
H. Stephen Glenn
Der große Erziehungsberater
Antworten auf Elternfragen von Abhängigkeit bis Zuhören · dtv 36095

Dagmar C. Walter
Autogenes Training für Kinder
Phantasiereisen zum Entspannen
dtv 36092

Dagmar Wolf
Babysitter, Hort & Co.
Ratgeber zur Kinderbetreuung · dtv 36094

Frauenleben

Pang Mei Natasha Chang
**Grüner Tee und
Coca-Cola**
Die Geschichte der Chinesin
Yu-i, von ihr selbst erzählt
dtv 30763

Inge Deutschkron
**Mein Leben nach dem
Überleben**
dtv 30460

Germaine Greer
Die ganze Frau
Körper-Geist-Liebe-Macht
dtv premium 24204
Der weibliche Eunuch
Aufruf zur Befreiung
der Frau
dtv 36196

Verena von der
Heyden-Rynsch
Belauschtes Leben
Frauentagebücher aus drei
Jahrhunderten
dtv 30775

Verena Kast
Die beste Freundin
Was Frauen aneinander
haben
dtv 35091

Eva Kreissl
Die Tante
Eine Frau mit Eigenschaften
dtv 30739

Christian Graf
von Krockow
Die Stunde der Frauen
Bericht aus Pommern
1944 bis 1947
dtv 30014

Manuela Müller-Windisch
**Aufgeschnürt und außer
Atem**
Die Geschichte des
Frauensports
dtv 30774

Claudia Schreiner
**Wenn Frauen zu viel
arbeiten**
Alles erreicht und nicht
angekommen?
dtv 36116

Angelika Schrobsdorff
**„Du bist nicht so wie
andre Mütter"**
Die Geschichte einer
leidenschaftlichen Frau
dtv 11916

Ruth Zucker
»Im Auftrag für Israel«
Meine Jahre als Spionin
dtv 8444
Meine sieben Leben
Autobiographie
dtv 24229

Literatenleben